- 云南省教育科学规划（高等学校教师教育联盟）教师教育专项课题2020年度《混合式教学模式在地理科学课程中运用的策略研究》课题（编号：GJZ2017）
- 昭通学院2020-2021学年教学改革研究项目《〈自然地理学〉课程思政建设的路径和实践》（编号：Ztjx202108）
- 昭通学院一流本科课程建设项目资助研究成果
- 昭通学院教学团队建设项目资助研究成果

编委人员（排名不分先后）：

宋大明	杨德明	柴峻峰	周迎春
郑方星	邱 锋	赵 昱	张万高
张广玉	陈 敏	曾光祥	袁志坚
周元江	周 炜	曾光祥	安定咏
马志明	马永明	龚 勇	杨 兴
胡顺坤	钱文松		

滇东北
地理要览

明庆忠 傅奠基 ◎ 顾问
邓敏 赵菊 刘圆 沈波 ◎ 编著

华中科技大学出版社
http://www.hustp.com
中国·武汉

内 容 简 介

本书立足于"一方水土养一方人"的理念，结合滇东北自然、经济、历史、文化，在地理学的基础上，融自然科学与社会科学于一体，区域内广阔的知识面被浓缩为一个个具体的知识点，纷繁的信息被梳理为明晰的词条，以全方位、全新的视野实现对滇东北地理进行全面系统、浅显易懂的表述，力图将其打造成为兼具通俗读物之生动有趣与知识词典之简洁准确的科普读本。采用词条为纲目，是为实现形式上的简明，支持一定程度的随机或跳跃式阅读，给予读者较大的阅读自由度，便于读者能够利用较少的时间对滇东北区域的自然环境和人类活动及其相互作用的历史和现状有更加全面而深入的认识和了解的知识。

本书内容框架由四部分组成：第一部分为自然地理，涉及地质、地貌、土壤、气候、水文、植物、动物、生态等；第二部分为经济地理，涉及生产力、生产方式、生产关系和物产等；第三部分为历史地理，主要为各历史时期与人类活动相关的事件、古遗址、故居、古镇等；第四部分为文化地理，包含民俗、饮食、文娱活动等内容。

本书可供不同年龄层次、具有不同知识背景的读者阅读与参考。一书在手，可尽览滇东北地理之精要。

图书在版编目（CIP）数据

滇东北地理要览 / 邓敏等编著 . — 武汉：华中科技大学出版社，2022.5
ISBN 978-7-5680-8178-8

Ⅰ.①滇… Ⅱ.①邓… Ⅲ.①地理—云南 Ⅳ.① K927.4

中国版本图书馆 CIP 数据核字 (2022) 第 073479 号

滇东北地理要览 邓敏 赵菊 刘圆 沈波 编著
Dian Dongbei Dili Yaolan

策划编辑：胡弘扬 李 欢		责任编辑：洪美员		封面设计：廖亚萍
责任校对：李 琴		责任监印：周治超		

出版发行：华中科技大学出版社（中国·武汉）　　电话：(027)81321913
　　　　　武汉市东湖新技术开发区华工科技园　　　邮编：430223

录　　排：华中科技大学惠友文印中心
印　　刷：武汉科源印刷设计有限公司
开　　本：710 mm × 1000 mm　1/16
印　　张：17.5
字　　数：262 千字
版　　次：2022 年 5 月第 1 版第 1 次印刷
定　　价：88.00 元

本书若有印装质量问题，请向出版社营销中心调换
全国免费服务热线：400-6679-118　竭诚为您服务
版权所有　侵权必究

序（一）

General Prologue

　　《滇东北地理要览》的书名本应是"滇东北高原百科"，是我担任编委会副主任的"中国地理百科"系列丛书中的一本。由于某些缘故，丛书出版了部分后中断。由邓敏、赵菊、刘圆、沈波等编著的《滇东北地理要览》另行出版，我尤为高兴，毕竟没让这一成果"躺平"于书桌抽屉之中，而让其成为人们了解滇东北高原的一扇"窗口"。

　　滇东北是一个神奇的地方，也是"云南北大门"。滇东北地处云、贵、川腹地，是云贵高原向四川盆地过渡的地带，有"磅礴乌蒙""金沙水拍云崖"之大山大水的气势，更有巨型梯级电站及"高山出平湖"的壮丽景观。昆明准静止锋在此旋回，加之3000余米地势高差，"十里不同天"，生物多样性突出，黑颈鹤鹤舞云天，"五尺道""南丝绸之路""僰人悬棺"等悠久神秘，多民族风情浓郁，以扎西会议为代表的红色文化响誉天下，以"好大一对羊"为代表的地区文化发达,连接长江经济带和成渝经济区的门户优势突出……是一个值得"重振辉煌"的地域,值得关注。因而,《滇东北地理要览》是一本有益、有效的科普性著作。

《滇东北地理要览》遵循了"中国地理百科"系列丛书的基本宗旨,体现了以下几个特点。

一是"一方水土养一方人",这是人—地关系的中国式表述。基于这一认知,本书尝试以地理学为基础,融自然科学与社会科学于一体,对滇东北高原的人与环境相互作用、和谐共处的历史和现状以全方位视野实现一次全面系统、浅显易懂的表述。

二是以本区的地理要览为主题,以滇东北地理"一方水土"的地质、地貌、气候、资源、多样性物种等,以及在此间展开的人类活动——经济、历史、文化等多元内容为叙述的核心,依词条间的相关程度结集,简单分编,使整体内容得以保持有机联系、直观呈现。

三是采用了学术著作与类似工具书结合的体例,力图将其打造成兼具通俗读物之生动有趣与知识词典之简洁准确的科普读本——所涉及的广阔知识面被浓缩为一个个具体的知识点,纷繁的信息被梳理为明晰的词条,并配以大量的视觉元素(照片、示意图等)。这种局部独立、图文交互的体例,可支持不同程度的随机或跳跃式阅读,给予读者最大限度的阅读自由,特别是方便不同年龄、不同知识背景的读者系统而有效地获取信息,让读者对滇东北区域的自然环境和人类活动及其相互作用有更加全面而深入的认识和了解。

四是将整体内容分成四个部分:第一部分为自然地理,涉及地质、地貌、土壤、水文、气候、物种、生态等相关的内容;第二部分为经济地理,容纳与生产力、生产关系和物产等相关的内容;第三部分为历史地理,主要为与人类活动历史相关的内容;第四部分为文化地理,主要收录民俗、宗教、文娱活动等与区域文化相关的内容。这种分门别类、词条式编排有助于读者查阅。

五是力图梳理相关学科领域的积累,对滇东北地区的自然环境,以及人与环境相互作用、和谐共处的历史和现状,以全方位、全新的视野实现一次从自然、经济、历史、文化等方面进行全面系统、浅显易懂的表述。以读者所乐见的形式呈现，借以充实地理科普读物品种，实现知识科普化的目标。

总之，这部《滇东北地理要览》突出实践性、应用性、科普性特点，是一部兼具通俗读物之生动有趣与知识词典之简洁准确的科普读本，可方便不同年龄、不同知识背景的读者系统而有效地获取"一方水土"的主要地理知识点，提升其对区域地理的认知，深化其对人与环境关系的理解。我相信《滇东北地理要览》会受到读者的欢迎。

是为序。

云南财经大学首席教授
中国地理学会山地分会副会长
中国第四纪科学研究会应用第四纪专委会副主任
云南地理学会副理事长
明庆忠
2022 年元旦

序（二）

邓敏教授及其团队数年辛勤耕耘的成果——《滇东北地理要览》即将出版，受邓老师之嘱，在此谈谈阅读该书后的感想，与读者诸君分享，权且为序。

"滇东北"，顾名思义，是指云南省的东北部区域，习惯上包括昭通市、曲靖市的会泽县及昆明市东川区，狭义的"滇东北"特指今天的昭通市。滇东北区域的形成，不仅有密切的地理关联，也有深厚的文化交融。

滇东北地处青藏高原东南翼，位于云贵高原与四川盆地的过渡地带。放宽视野，作为大西南腹心之地的滇东北与黔西北及川南地区山水相连，磅礴的乌蒙山系既是长江流域与珠江流域的分水岭，也是珠江、乌江、赤水河、横江的源头区域。放射性的水系河谷，形成了沟通南北、连接东西的"民族迁徙走廊"，自远古以来就是各族群文化互动频繁的区域之一。

考古证据表明，该区域内的新石器文化和青铜文化同时受到了黄河流域、长江流域乃至珠江流域的影响。如金沙江沿岸巧家小东门、永善、绥江等地的新石器遗址与上游的楚雄元谋人遗址、大墩子遗址断续相接，文化类型相近，初步勾勒出了史前金沙江河谷人类迁徙交往的文化轨迹。滇僰古道，藏彝走廊，错综复杂的族群关系，一直影响至今。

夏、商、周以降的数千年间，在以乌蒙山区为生息地，金沙江、珠江水系为通道的川、黔、滇走廊地带，氐、羌、僰、濮、巴、僚、叟、昆明、乌蛮、羿子、蔡家、仲家等部落族群，你来我往，留下了沧桑激荡的历史足迹，熔铸了绚烂多彩的民族画卷。宋、元时期，苗族、蒙古族、回族、满族等逐渐移居本地，清改土归流后，汉族大量涌入，成为第一大民族。

滇东北素有"云贵高原屋脊"之称，山川壮美，群峰巍峨，江河奔流。东部乌蒙山平均海拔2000米，亦有不少超过3000米的高峰，碳酸盐岩地层大面积出露，喀斯特地貌发育，峰丛、石芽、溶沟遍布，溶蚀洼地、漏斗、盲谷众多，还有不少暗河、天坑、溶洞。西部五莲峰为横断山脉凉山山系的最东支，地势更为雄伟高峻，平均海拔2500米，分布着大片的玄武岩，属火山熔岩地貌，为中山和高山分布区。

滇东北独特的区位优势、典型的山区环境、雄浑的自然景观和丰富的资源宝库，为各民族生息发展提供了多层次的生存空间。昭通古猿、昭通智人、望帝故里、巴蜀古风、秦楚遗韵、滇僰风情、夜郎故事、孔明遗泽、宁州冠冕、爨氏称雄、乌蒙崛起……构成了极富特色的区域文脉。享誉中外的朱提银铜、深厚的民族文化、多元的宗教观念、复杂的政区演变、叱咤风云的英雄豪杰等，彰显了滇东北开放包容的地方文化。

一方水土，化育斯民，海纳吞吐，生生不息，滇东北区域环境复杂，生态多样，地饶物丰，兼具农牧、林产、渔猎、矿冶之利。数千年间，各族先民在乌蒙山区、金江两岸辛勤耕耘，艰苦劳作，将蛮荒之地变成了"土中藏金"的资源宝库，写下了物质文明建设史上的壮丽篇章，其中既有令人惊叹的成就，也有发人深省的教训。

地理学的区域研究是经世之学，涉及区域环境结构、资源禀赋、区位优劣、人口分布、聚落形态、产业活动、交通运输、区际关系、历史文化、人地关系和环境保护等诸多内容。《滇东北地理要览》一书以地理百科形式，以章节为纲，以词条为目，涉及自然地理、经济地理、历史地理、文化地理等分门别类的诸多知识点，既兼具学科体系，又凸显随机阅读的自由性。

该书图文并茂，内容丰富，饶有趣味，颇有可观性。通览全书，乌蒙磅礴，群峰竞秀，金江奔涌，山川何其壮美；物华天宝，苹果飘香，竹笋美味，羚牛骏马，巨楠神木，蜡虫山货，因天候而长养；汉回彝苗，满蒙壮布，安居乐业；朱提故城，乌蒙旧府，昭通新貌，尽收眼底。

传承文化，创新引领，服务社会，助力地方发展，是高校教师的责任担当和使命所在。本书的几位作者都是昭通学院地理科学与旅游学院的专业教师，他们学以致用，立足乌蒙，面向未来的情怀，践行"科教兴昭"的不懈努力，以及开拓创新的学术追求，都令人感佩。期待本书的出版能为滇东北成为"开发开放新高地"的宏伟目标添砖加瓦，是所望焉！

昭通学院 地理科学与旅游学院院长 傅奠基
2022 年 1 月 12 日

前言 Preface

　　本书基于"一方水土养一方人"的成书理念,以地理学为基础,融自然科学与社会科学于一体,对滇东北高原广大区域内自然环境,以及人与环境相互作用、和谐共处的历史和现状,以全方位、全新的视野实现一次从自然、经济、历史、文化方面进行全面系统、浅显易懂的表述。学者们在学科领域的丰富研究成果为本书的撰写提供了坚实的学术基础。本书力图将这些成果梳理成篇,并以读者所乐见的形式呈现,借以充实地理科普读物品种,实现知识科普化的目标。

　　滇东北,即云南东北部区域。根据明庆忠、童绍玉主编的《云南地理》六大地理分区划分,本书滇东北范围在此基础上根据分布区域做了一定调整,行政区划包括昭通市辖区全部(昭阳区、鲁甸县、巧家县、盐津县、大关县、永善县、绥江县、镇雄县、彝良县、威信县和水富市),以及曲靖市的会泽县等,面积约2.9万平方千米。本书即以滇东北高原所在的"一方水土"的地质、地貌、气候、水文、资源、多样性生物等地理事物基础上,展开经济、历史、文化等多元人类活动的叙述。本书作为科普读物，为方便不同年龄层次、具有不同知识背景的读者系统而有效地获取滇东北高原地理信息。依据词条间的相关程度大致归纳，简单分编，使内容之间得以保持有机联系，整体内容能够直观呈现，整本书简单易读。本书由四个部分的内容组成：第一部分为自然地理，涉及地质、地貌、土壤、气候、水文、植物、动物、生态等相关内容，由邓敏老师、赵菊老师撰写；第二部分为经济地理，涉及与生产力、生产方式、生产关系和物产等相关内容，由邓敏老师撰写；第三部分为历史地理，主要为各历史时期与人类活动相关的事件、古遗址、故居、古镇等内容，由刘圆老师撰写；第四部分为文化地理，收集整理民俗、饮食、文娱活动等内容，由沈波老师撰写。

  本书的编撰采用了类似工具书的体例，力图将其打造成为兼具通俗读物之生动有趣与知识词典之简洁准确的科普读本。区域内广阔的知识面被浓缩为一个个具体的知识点，纷繁的信息被梳理为明晰的词条，这种局部独立而又交互的体例，可支持不同程度的随机或跳跃式阅读，给予读者最大限度的阅读自由。希望通过本书"一方水土"的有效展示，让读者对滇东北区域地理和人类活动及其相互作用有更全面而深入的认识和了解。

  本书作者均为昭通学院地理科学与旅游学院的教师，本书在本学院的大力支持和帮助之下顺利完成。衷心感谢各专家学者对本书撰写的支持和帮助。同时，感谢本书图片提供者的大力支持。书中图片仅限本书及作者使用，严禁转载。部分图片来源于县志，请图片作者与本书作者联系。

  由于作者撰写水平之限，书中疏漏的情况在所难免，恳请广大读者批评与指正。

邓 敏
2021 年 10 月 12 日

目录 Contents

第一章 自然地理 1

第一节 综述——云南北大门 2

第二节 地质与地貌 6

第三节 气候 20

第四节 山川峡谷 24

第五节 江河瀑泉 70

第六节 生态与生物 89

第二章 经济地理 129

第一节 生产力与生产方式 130

第二节 物产 146

第三章　历史地理 175

第一节　历史时期人类活动 176
第二节　近代人类活动 197

第四章　文化地理 217

第一节　民俗文化 218
第二节　饮食文化 237
第三节　区域文化 244

参考文献 255

第一章　自然地理

第一节 综述——云南北大门

滇东北地区的昭通市,"云南北大门",当地人习惯称其为"三川半"——从地域上来说,即云南之半、贵州之半和四川之半。"北大门"之称,始于1919年,源自滇东北自古就是"锁钥南滇,咽喉西蜀"之地。自秦开"五尺道"、汉筑"南夷道",滇东北就是云南通往四川和贵州的重要通道,也是中原文化传入云南的重要通道,以及中国著名"南丝绸之路"的要冲,使云南与中原地区栈道千里,无所不通。如今,"云南北大门"的滇东北高原区已成为云南连接长江经济带、成渝经济区和中国内陆城市的重要通道,也是中国通往南亚、东南亚的双向大走廊。

实际上,"云南北大门"的称谓有狭义和广义之分,广义的"云南北大门"泛指滇东北高原腹地昭通市境,其西面、北面、东北面隔金沙江与四川凉山彝族自治州、宜宾市、泸州市隔江相望,东侧与贵州毕节市毗邻,南面与曲靖市会泽县、昆明市东川区相接。狭义的"云南北大门"仅指昭通市的县级市水富市（见图1-1）。昭通市行政区域包括昭阳区、鲁甸县、巧家县、盐津县、大关县、永善县、绥江县、镇雄县、彝良县、威信县、水富市，面积23021平方千米，人口630万人（2020年数据），主要以汉、苗、彝、回族为主。

图1-1 北大门水运要冲（水富市）（曾光祥 摄）

滇东北高原地处四川盆地向云贵高原北部边缘过渡的斜坡地带，地貌以高原山地为主，因受地质构造控制，河流、山脉、岭谷多沿构造线发育和展布，地势西南高、东北低，向北倾斜，平均海拔1685米，最高点为巧家县药山主峰轿顶山，海拔4041.6米，最低点为水富市滚坎坝，海拔仅267米，此点也是金沙江在本区域的最低侵蚀基准面。北部边缘，一般从海拔400米左右向南逐步升高，成为云南高原最北起点。在金沙江、北盘江及其支流牛栏江、横江、赤水河等河流的侵蚀与纵深切割下，高原面被分割为高低不同的单元，高原山地连绵起伏，峡谷幽深，峰谷海拔高差悬殊，相对高差达3500米以上。境内乌蒙山和五莲峰两大山脉自北东向西南展布于区域的东西两侧，五莲峰山脉为横断山脉凉山山系东伸边缘，北东乌蒙山系与贵州相连，形成境内以药山为首的一系列海拔3000米以上的山峰。

滇东北高原是云南境内自然条件最为复杂的地区，低纬高原和中山山原与亚高山地貌相结合，海拔高差的悬殊和独特的地理环境，以及复杂的地形地貌，形成典型的高原季风立体气候。"一山有四季，十里不同天"，"山下桃花山上雪，一日之行四季衣"，"山高一丈，大不一样"，是其气候的真实写照。受印度季风系统和东亚季风系统振荡的影响，滇东北高原形成明显的干湿两季（每年11月至次年4月为干季，5月至10月为雨季），主要有南亚热带、中亚热带、北亚热带、南温带、中温带和北温带6个气候带。滇东北总体气候特点是：冬无严寒，夏无酷暑，四季不分明；干冷同季，雨热同季，干湿分明。区域内黄壤、黄棕壤、紫色土、黑色石灰土等10多种土壤交叠并存，孕育了这里丰富的植物种类。生长于此的高等植物有5000余种，其中国家珍稀保护植物有珙桐、桫椤、巧家五针松、云南穗花杉、攀枝花苏铁、红豆杉、南方红豆杉、云南红豆杉等。由于地理位置、地形地貌、土壤气候的差异，植物区系复杂，江边区为稀树草丛，河谷区属于常绿落叶阔叶林带，一般山区和坝区属于常绿针叶林带，高二半山区属于针阔混交林带，高寒山区则是灌丛草甸带。北部受金沙江河谷切割，形成炎热河谷，一般山区以落叶阔叶的栎类为主，南部山区以常绿针叶的云南松、华山松、黄山松为主。良好的植被覆盖也为各种动物提供了舒适的栖息地，区内动物多达1000种，其中国家珍稀保护动物有黑颈鹤、金钱豹、白肩雕、黑鹳、白尾海雕、金雕、白冠长尾雉、白尾鹞、领鸺鹠、斑头鸺鹠、中华鲟、达氏鲟、云豹、林麝等。

滇东北高原处于扬子准地台，属于滇黔川鄂台坳中的褶断束地带，由于特殊的地质运动和地质构造，有30多个矿种富集于此地，优势矿种为煤、磷、铅、锌、石灰石、硫矿等，能源资源丰富，其中昭通坝区褐煤储量达84.45亿吨，为中国南方最大的褐煤田，硫铁矿储量丰富，是全国五大硫铁矿之一，以及云南三大有色金属基地之一。《中华帝国全志》中提到：最特殊的铜是白铜……只中国产有，亦只见于云南一省。安阳商王武丁妻子妇好墓出土的部分铸造青铜器的铜矿都来自本区的永善县和巧家县一带，秦汉时期到清嘉庆年间开采的朱提银也是产于本区。本区水能资源丰富，河流强烈侵蚀与分割形成陡峭的山坡和悬崖，高差大而集中，造就众多高山峡谷型河流，是我国水电资源的"富矿"

区，为巨型水电站提供了理想的选址条件。金沙江下游向家坝电站（装机容量640万千瓦，排名中国第四、世界第十一）、溪洛渡电站（装机容量1386万千瓦，排名中国第三、世界第四）、白鹤滩电站（装机容量1600万千瓦，排名中国第二、世界第二）三大巨型梯级电站分布于此，总装机容量超过3600万千瓦，是中国"西电东送"骨干工程和中国西部重要的能源基地。

本区地质条件复杂，活动断裂带密布，西南部受小江南北地震带的影响，东北部受马边—大关地震带的长期影响，地震活动十分频繁，地热资源也相当丰富。但滇东北高原区生态环境格外脆弱，碳酸盐岩地层广布，加上降水量时空分布不均，导致生态环境退化恶变严重，泥石流和滑坡等地质灾害发生频率高，且具有突发性和群发性的特征。

滇东北高原成陆古老，自古以来就是各种生物的宜居之地，在这里发现了品种繁多的古生物化石，如东方剑齿象、中国犀牛、猴、鹿等哺乳类动物化石，古象化石种类就有10余种。其中，有一种剑齿象被古生物专家命名为"昭通剑齿象"（更新世），古象化石专家断言，昭通坝子是中国南方一个规模巨大的古象群埋藏地，因此本区还有"古象之邦"的美称。与这些化石同样古老的，是本区的古人类活动遗迹，这里发现了有距今约10万年的早期智人化石——昭通人，填补了云南省猿人阶段到晚期智人阶段之间的空白。

历史上，通过"苗疆走廊"（此学术概念于2012年由贵州大学研究团队提出），各民族在此交融演化，如今，这里仍是多民族聚居地，有苗族、彝族、回族、壮族、白族、傣族、纳西族等30多个民族在此繁衍生息。自然环境的复杂多样使各民族相互间形成大杂居、小聚居交错分布的格局，民族分布受区域立体地形、立体气候的影响，立体分布现象非常明显。苗族居住在高寒山区、高山草甸和森林区；彝族大多居住在二半山区，以旱地农业为主；回族则以地势较为低平的坝子、河谷临水地区为主要聚居区……多民族聚居之地，向来是民俗风情最为灿烂的地方，本区也不例外，打鼓草、端公戏、四筒鼓舞、洞经音乐、喀红呗、芦笙舞等，常在不同季节、不同民族间次第呈现，且世代相沿，滋养了一代又一代人的心灵……

第二节　地质与地貌

云贵高原北部斜坡地带

　　滇东北高原总体地势西南高、东北低，向北倾斜。这一倾斜地貌恰好与云贵高原和四川盆地接合部的区位相吻合，属于云贵高原北部边缘斜坡地带。这个斜坡地带的西南部山脉与凉山相接，海拔高，东北乌蒙山系与贵州相连，地势逐渐降低。根据其海拔和高原山地构造地貌特点，这个斜坡地带可划分为亚高山、中山、低山3个山原地貌。

　　以昭鲁坝子—洒渔河—大关河—洛泽河为界，以西属亚高山山原区（五莲峰山区），以东属中山山原区（乌蒙山区）。西南部为横断山脉凉山山系五莲峰分支东伸边缘，亚高山山原区包括巧家县全境、大关县、昭阳区、鲁甸县的西南部分，平均海拔在2500米，山峰海拔多在3000米以上，五莲峰抬升高过乌蒙山，是本区地势最高的区域。本区3000米以上的高山有巧家县药山主峰轿顶山（4041.6米）、赖石山（3426米）、鲁甸县干沟梁子（3356米）、昭阳区大山包（3364米）等。地势次高的乌蒙山区属中山山原区，为本区第二个阶梯。镇雄县、威信县为乌蒙山脉西伸尾端部分，海拔1600～1900米，往南彝良县、大关县、昭阳区，海拔上升较大，也有3000米以上的高山分布，如昭阳区箐门凉风台海拔为3152米、靖安镇杉木林海拔为3198米。但因河谷广布且深切，形成多个断陷盆地，导致中山山原区的平均海拔一般只有2000～2200米。北部靠近四川盆地的低山山原区，是本区的第三个阶梯，总体地势陡降，包括：水富市两碗镇以下沿大关河区域，云富街道新安村以下沿金沙江区域；盐津县普洱镇以下沿大关河区域，兴隆乡及以北接近四川高县、筠连县；威信县城以北，包括罗布、旧城、双河等乡镇。第三个阶梯山体不高，缓坡、河谷多见，河谷地带海拔在1000米以下（见图1-2）。

第一章 自然地理

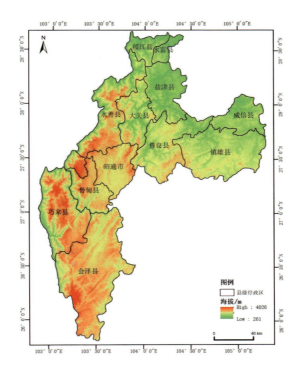

图 1-2 滇东北高原地貌（马永明 绘制）

滇东北拗褶带

在漫长的地质历史时期中，云南地区经历了多旋回构造运动，滇东北拗褶带属于扬子准地台和滇黔川鄂台坳的褶断束地带，是地质构造多旋回构造理论中的一个二级构造单元，从属于一级构造单元扬子准地台西缘的大地构造单元，包括昭通镇雄拗褶区、东川隆褶区、牛首山隆起区三级构造单元，所在位置正是中国东部地台区和西部地槽区的分界处。在地质构造单元的划分中，滇东北拗褶带大部分位于昆明凹陷的东北部位，少部分位于黔桂地台的北西部位。

在古生代（震旦纪）至中生代（白垩纪）之间，本区曾是一个南北狭长的海洋，其范围超过现在的行政区划分，西界至巧家、会理一带，南界至曲靖、蒙自一带。至震旦纪以后，以拗陷状态为主要趋势，随着地壳的构造运动及海水进退、海

· 7 ·

岸线的变迁，沉积了各地质时代不同的岩石，其中主要以滨浅海相碳酸盐岩（石灰岩）为主。

本区由昆阳群板岩构成褶皱基底，以古生代、中生代的沉积物为盖层，地层出露较全，从古生代到新生代均有出露。构造运动活跃，岩浆活动以基性喷发为主，二叠系峨眉山玄武岩遍布整个滇东北高原，出露面积占全区的25%～30%。晋宁运动、加里东运动、喜马拉雅山运动是本区重要的三次地壳运动。晋宁运动使古地槽隆起成陆，构成准地台的基底；加里东运动所发生的褶皱和断裂奠定了本区的基本构造轮廓；喜马拉雅山运动形成了本区的构造形态，至今仍在持续影响这片区域。山脉、水系等受构造线控制，展布方向有东北向、近东向和南北向，但以东北向最为突出，该构造线形成了滇东北高原上东北—西南走向的乌蒙山山脉和五莲峰山脉。

川滇"多"字形构造

根据中国地质学家李四光的地质力学观点，滇东北高原基底构造为华夏系和新华夏系构造体系。华夏系和新华夏系都是宏伟的"多"字形构造。滇东北高原位于新华夏系第三条隆起带和沉降带以西夹持在纬向构造体系之间，为川滇"多"字形构造部分。"多"字形构造的概念，1929年由李四光提出，指由两边毗邻地块相对扭动形成的、大致平行斜列的压扭性构造（包括褶皱、压扭性断裂以及各种挤压带）和与其直交的张扭性断裂组成，其分布和组合形态像一个"多"字，属于扭动构造的一种类型。

新华夏构造是滇东北地区占主导地位的构造，它们以北东40°左右呈等间距"多"字形倾斜排列，平均间隔25～30千米出现一带，并插入川滇经向构造带（为南北向构造）。中生代印支期和燕山期为其主要成长和发育时期，强度和规模由北向南逐渐变弱变小。滇东北高原境内的山脉在新华夏构造体系的影响下，主要构造线为北东、北北东，褶皱、断裂十分发育，背斜、向斜相间，局部地方出现岩层直立甚至倒转景象，故此区山脉和水系大体受到地震构造控制，地形陡峻，山脉纵横，海拔高差悬殊。境内乌蒙山系和五莲峰山脉，在小江断裂的影响下，形成一系列大致平行的北东向褶皱、断裂，并有规律呈雁行式排列，为典型的华夏系或新华夏系构造，规模较大，多为北东向，少数为北西向，但规模相对较小。在其控制下，新构造运动也异常活跃，许多老断裂上又产生一些新断裂，导致地震活动较为频繁。

地层齐全

晋宁运动之后的加里东、海西、印支、燕山、喜马拉雅等多次构造期，扬子准地台上沉积了震旦系、古生界、中生界、新生界的巨厚盖层。滇东北处在扬子准地台的西缘，区域构造背景属地台型建造，是相对稳定区域，受其影响，区内地层出露齐全，从震旦亚界长城系起到第四系都有出露。

震旦亚界长城系零星分布于金沙江河谷。早古生代寒武系以海相碎屑岩、泥岩为主，夹碳酸盐岩。分布于金沙江两岸以及盐津牛寨，永善金沙、黄华，镇雄牛场、以勒坝等地，化石丰富；奥陶系和志留系分布于永善、盐津、镇雄等地，以滨浅海相碳酸盐岩为主，局部为海陆交互泥岩、砂岩等。晚古生代发育厚层海相石灰岩、白云岩，夹薄层碎屑岩（局部为陆相碎屑岩）。泥盆系至石炭系分布在巧家、昭阳、大关、盐津和彝良洛泽河两岸，且含有多种化石和铁、磷等矿石。二叠系出露于昭通全境，陆相沉积增加，以峨眉山玄武岩分布较广，玄武岩之上为湖沼相砂质泥岩建造或含煤建造，并由西向东随玄武岩的减薄而增厚，成为本区及云南的主要优质烟煤及无烟煤产出层位。中生代经历了印支运动和燕山运动，滇东北高原为海陆变迁时期形成的高原地带，以陆相至海相碎屑岩为主。三叠系至侏罗系分布于绥江、水富靠近四川盆地；白垩系出露不多，仅在绥江向斜核部残留，为河流相碎屑岩沉积。新生代以河流相、湖泊相和沼泽相沉积，零星分布在大小盆地中，昭鲁盆地堆积较厚，河谷洼地偶有出露。

"一带三层"地势

滇东北区域属于典型的高原山地构造地貌，山高谷深，地势陡峻，受江河纵横切割，高差悬殊。全区地势呈西南高、东北低的倾斜面，最高点在南部巧家县的药山（海拔4041.6米），最低点在北部水富市的滚坎坝（海拔267米），高差达3774.6米，立体构造十分突出，形成明显的1个多雨地带和3个台阶朝东北的弧状地势，使本区的气象、水文、土壤诸要素也有由南向北逐渐变化的规律和特点。

西自绥江县、经盐津县、彝良县，东至威信县的川滇交界附近，海拔由四川盆地的500米上升至高原的1200米，形成一条新月形的过渡坡面地形，这种收缩地形对南移的天气系统的抬升和水平辐合作用均产生影响，形成了稳定的北部多雨带，即"一带"。"三层"指的是3个台阶：第一台阶为五莲峰的北端，洛泽河的下端，白水江上段和镇雄县、威宁县的赤水河、乌江源头区，属于海拔1200～2000米的低山山原区，北部靠近四川盆地，为四川盆地向云贵高原的过渡地带，面积较大；第二台阶东起赫章县、威宁县经昭通市箐门凉风台延伸至永善县马楠山，海拔2000～2500米，属南、北亚热带和南温带气候类型，是主要农作物耕作区域，植被覆盖较低，多生长松、杉、竹类和灌木；第三台阶为海拔2500～4041米的药山山脉和五莲峰的脊部地区，高原面保持比较完整，山体上部或顶端相对平缓，视野开阔，气候为中、北温带类型，植被大多为矮小灌木和草场，为畜牧业区域。

江河纵横深切割

滇东北高原境内乌蒙山、五莲峰两大山系均属山原构造，山脉和高原相互交错，山川雄伟，沟谷纵横，高低不平的山地占总面积的95%以上，相对平缓的坝子在总面积中占比不到5%。这是因为本区位于云贵高原北部边缘斜坡地带，海拔差距大，地面坡度大，河流侵蚀与分割强烈。受密集的大小江河、沟、渠切割，连绵的山峰被切割成为分离、零散的峰群。

区内侵蚀地貌根据侵蚀强度,分为强侵蚀地貌和弱侵蚀地貌。受金沙江、小江、牛栏江、横江及其各大支流(如以礼河、洛泽河、白水江等)等强烈侵蚀,河谷深切,山峰陡峻,山箐深邃,山坡均在40°以上,河床比降大,水能资源丰富,沟谷大多呈"V"字形峡谷,谷窄壁陡(见图1-3)。有小面积的2~4级阶地,分水岭上有很少的夷平地形,海拔高度在2100~3100米。强侵蚀地貌以巧家、永善、彝良等县境内最为典型。弱侵蚀地貌主要分布于洒渔河、冷水河、五寨河、龙树河流域地区,这些河流受构造及外营力作用,断块式上升以流水侵蚀为主,沟谷呈"V"字形峡谷,少量沟谷较宽缓,呈箱形或"U"字形。山坡一般较陡,部分山顶呈浑圆状,高差一般小于500米,多数沟谷窄狭壁陡,为小型峡谷,部分沟谷较宽缓,并发育河漫滩和一、二级阶地,纵坡坡降较大,小型急流、瀑布、河漫滩、阶地及沟口洪积扇为主要地貌类型。在一些山间凹陷地区,地壳先下沉后稳定沉积,构成大面积的坝子,如昭鲁坝子,成为人类的主要聚居区。

图1-3 巧家以礼河段峡谷(宋大明 摄)

受江河切割，境内山体水土流失严重，促使坡度逐步增大，许多山峰已成悬崖绝壁，而谷底相对狭窄，滩陡水急，基岩裸露。其中，切割程度达到1000～3000米的区域，长期经流水和雨水的强烈侵蚀，沿岸岩层极易风化破碎，导致崩塌、滑坡和泥石流等灾害严重。金沙江永善段码口菩萨湾河道变迁见图1-4。

（a）

（b）

图1-4 金沙江永善段码口菩萨湾河道变迁（任继敏 摄）

高峡平湖

滇东北地处云贵高原和四川盆地接合部，受北东向华夏系构造线的控制，河流、山脉、峡谷多沿构造线展开，褶皱、断裂十分发育。在其北部，受金沙江的强烈侵蚀，河谷深狭，山峰陡峻，基岩裸露，两岸河滩阶地和堆积物较少，河间偶有几个小坝子，高差很大，达1000～3000米，形成典型的"V"字形峡谷。随着该区域内长江上游三大梯级电站的修建，库区堤坝拦腰截断江流蓄水，江水在高山峡谷间汇集成了一片水平如镜、江水碧透的高峡平湖景象。险滩变平湖，平静的湖面与库区周围山地重峦叠嶂，形成交相辉映的壮丽风光（见图1-5、图1-6）。

图1-5　绥江县高峡平湖景观（宋大明　摄）

图1-6　水富市半月湾与邵女坪高峡平湖景观（宋大明　摄）

中山山原

从地质角度看，滇东北高原位于康滇古陆和昆明凹陷边缘的滇东北拗褶带，中生代前期，其地面长期被海水淹没，积累了大量的海陆相沉积碎屑岩，经受了不同程度的构造变动。中生代中期，三叠纪地壳上升，海水退出。中生代后期，滇东北高原受到强烈剥蚀，地表面的高低起伏基本上被夷平，局部低地接受侏罗纪、白垩纪沉积，开始形成准平原面。新生代第三纪末第四纪初，在喜马拉雅造山运动的影响下，地壳受印度板块作用，准平原被抬升成为滇东北高原，成为云贵高原的北端。第四纪末以来，在内外营力作用下，形成滇东北中山山原亚区。中山山原区是本区面积最大的一种地貌区，占滇东北高原面积的95%以上。随着海拔上升，山势逐步险峻，山体逐步增大，多出现奇峰怪石、悬崖绝壁等。山体下部被沟河切割，极为陡峻，有地震、滑坡、崩塌而坠落的巨石堆积；山体中部多坎、湾、沟、穴和小块缓坡平地；山体上部相对平缓，但极易遭受干旱。山上、山下气温相差大，立体气候显著，具有"山下桃花山上雪"的特点。

土壤多样

滇东北高原在气候、地形、植被、成土母质、栽培制度等诸因素作用下，形成了多种土壤类型，体现在地带性土壤类型齐全和非地带性土壤类型丰富两个方面，区域内有8个纲、14个土类、113个土种。

地带性土壤中以自然土壤为主，占地带性土壤的74.29%，耕地土壤仅占地带性土壤的25.71%。因垂直差异大，相对高差也大，土壤的气候带特征显著，垂直分布和水平分布差异明显。从南到北，从低海拔到高海拔，从高温干旱到低温潮湿，土壤发育及分布规律为：燥红土→红壤→黄壤→黄棕壤→棕壤→暗棕壤→亚高山草甸土→亚高山寒漠土。同样，耕地土壤也有相应的垂直变化，从低到高为：砂土→夹砂土→粗砂土→黄泥→豆面泥→灰泡土。

地带性土壤的成土因素中，气候占主导地位，其次是植被和成土母质，人为作用较小。从南到北、由西到东、从低海拔到高海拔，土壤的淋溶作用由小到大、由弱到强，土壤的脱硅富铝化作用由弱到强，土壤有机质和腐殖质由少到多，土壤的酸碱度，由微碱性→中性→微酸性→酸性。土壤的肥力呈阶梯式或同心圆或框式分布：山区耕地，平地肥力比山腰高，山腰肥力比山脊高；以城镇、村舍为中心，距中心越近，土壤肥力越高；洼地土壤肥力则呈框式分布。昭鲁坝区是从红壤到黄壤的交接、过渡地段。

非地带性土壤有水稻土、潮土、红色石灰土、黑色石灰土、沼泽土和紫色土。其中，紫色土、黑色石灰土分布面积最广。在其成土因素中，成土母质和人为作用居主导地位，气候和植被的影响次之。如沼泽土为亚高山洼地自然土壤，水稻土则为人类长期耕作利用的结果，红色石灰土和黑色石灰土与成土母质关系十分密切，潮土则为第四纪湖泊冲积物及江河两岸新冲积物经人为利用而形成。土壤分布无明显规律，紫色土多集中分布于矮山河谷；红色石灰土和黑色石灰土多分布于牛栏江两岸中亚热带、北亚热带和南温带石灰岩裸露地区；水稻土分布于平坝、一般山区和河谷缓坡地带；潮土是以新、老冲积物为母质，经人类利用而形成的土壤，分布于平坝、一般山区和江边河谷；沼泽土分布于高寒山区的低洼地带。

大桥红土地

红土地是指红色土壤。在我国，红土地主要分布于长江以南的低山丘陵区。本区的东川红土地是云南红土高原上最集中、最典型、最具特色的红土地，可与巴西里约热内卢的红土地相媲美。

大桥红土地属东川红土高原向北的延伸部分，位于曲靖市会泽县大桥乡念湖周边，红土地成片分布。这里的红色土壤是在高温多雨环境下而发育成的。这种土壤含铁、铝成分较多，有机质少，酸性强，土质黏重，土壤里的铁质经过氧化慢慢沉积下来，逐渐形成了一片片暗红、紫红、砖红等不同的红色土地（见图1-7）。

图 1-7 大桥红土地（张启戊 摄）

红土地是一种低产贫瘠土壤，生产力低下，保水性差，水土流失严重，并在不少地区严重退化，导致红壤裸露，不能恢复，形成"红色荒漠"。加上人为因素的影响，红壤区人多地少，陡坡开垦或过度垦殖，以及毁林开荒，破坏地表植被，加速水土流失和土地退化，它实质是土壤荒漠化的一种。

小江断裂带

小江断裂带处于川滇活动地块和稳定的扬子准地台边界，印度板块向中国大陆北东向挤压作用的前沿地带。形成于震旦纪晋宁运动时期的小江断裂带是一条长期活动的深大断裂，在晚期、近期各地质时代仍有强烈活动，并伴有次级断裂，形成"人"字形构造，断裂锐角指向南部。滇东北高原区构造单元不但以小江断裂为骨架，而且还受控于小江断裂。第一条从盐津县经永善县金沙江至巧家县，第二条从大关县经昭阳区洒渔河至巧家县，第三条从彝良县经昭阳区至巧家县。这3条北东向断裂均与小江断裂相接，3条断裂之间排列着一系列紧密的背斜和宽缓的向斜，包括绥江向斜、马楠背斜、木杆新街向斜、罗汉坝背斜、寸田背斜等。巧家县一带由药山向斜、杨梅山至包谷垴向斜构成骨架，两向斜间为白马厂背斜，由震旦系岩层组成，渭姑一带的斑岩、辉绿岩在金沙江边出露，并出现了本区唯一的一块花岗岩。

在小江断裂带控制下，滇东北高原及其所经区域形成一系列大致平行的北东向褶皱、断裂，并呈有规律的雁行式排列。小江断裂带总体呈南北展布，北起滇川边界的巧家县以北，往南经蒙姑镇，至小江村附近开始分为东、西两支。西支称"嵩明大断裂"，经汤丹镇、乌龙镇、清水海、阳宗海等至抚仙湖之后逐渐消失。东支习惯上称"小江大断裂"，经东川区、功山镇、寻甸县至宜良县徐家渡，二者在徐家渡一带合并在一起，呈辫状向南经华宁县、盘溪镇近平行南延，直达建水盆地以南，最后并入红河断裂。小江断裂带具有两侧窄、中间宽的纺锤状结构，北段宽1～2千米，中段宽5～20千米，南段宽2～3千米。这条断裂带在云南境内长约300千米，是一条重要的地壳型变界线，控制了两侧的岩相古地理和构造发育。断裂带以东，以北东向梳状构造线为主，地壳厚度由东南向西北方向增厚；断裂带以西，以非线状断块为主，地壳厚度从北往南变薄（见图1-8）。

图1-8 小江断裂带（王俊 摄）

沿小江断裂带地震相当活跃，地质灾害频发，尤其是断裂带中南段。小江断裂带的地震活动主要集中在巧家县、东川区、华宁县3个区域，巧家县是地震活动比较多的地区。

昭通断裂群

滇东北境内历经3次大的地壳运动：晋宁运动使古地槽隆起成陆地，构成准台地基底；加里东运动构成褶皱和断裂的基本轮廓；喜马拉雅山运动形成昭通全境地质构造形态。在这些巨大的构造运动作用下，境内褶皱断裂十分发育，背斜、向斜相间，局部地方出现直立岩层或倒转岩层，地势陡峻，悬崖众多，山脉呈纵横交错分布格局。

滇东北高原境内及周边区域，密集且交错断裂带构成了昭通断裂群。断裂带大致有3种走向：第一种是近南北向构造的小江断裂带、峨眉—金阳断裂带、汉源—甘洛断裂带；第二种是北东向构造的巧家（昭通）—五莲峰断裂带、洒渔河断裂带、迤车断裂带与威宁—大关—马边断裂带和小江断裂带斜插相交；第三种是北西向构造的威宁—大关—马边断裂带。南北向和北东向的深大断裂为地域性主干构造，控制着区域内现代地貌的发育，形成众多断层崖和高山峡谷地貌。

本区断裂活动带错综复杂，主断裂上又派生出众多次一级断裂带，如昭通—鲁甸断裂带、曲靖—昭通断裂带、巧家（昭通）—莲峰断裂带、会泽断裂带等。其中，昭通—鲁甸断裂带是近年来较为活跃的断裂带之一，全长约190千米，东北端从川滇交界的小林口一带向西南方向穿过彝良县、昭通市和鲁甸县之后一直延伸到小江断裂带。2012年彝良县与贵州省威宁县交界发生5.6级和5.7级的双地震就位于该断裂中段；2014年鲁甸县的6.5级地震，则发生在该断裂带西南端。

马边—大关地震带

受印度板块和欧亚板块两大板块的相互挤压和侧向挤出的影响，川滇地区和印支地区地壳抬升变厚、块体之间发生相互运动，为地震多发地，处于四川盆地与青藏高原的交界地区的马边—大关地震带就在其中。文献资料常提到的马边—彝良地震带、马边—永善地震带、荥经—马边—盐津地震带等多种称谓的地震带，实际上都是指这个区域范围，只是侧重点略有不同而已。

马边—大关地震带北起于青藏高原东南缘的荥经，向南经四川峨边、马边至云南盐津、昭阳、鲁甸、永善、大关、彝良等地，宽25～30千米，长约250千米。作为新构造运动的一条活跃的断裂带，处于北北西向、南北向及东西向构造的复合部位，断裂之间还存在近东西向或北北东向，由多条走向不同的断裂带组成。从地质构造上看，断裂带内主要包括一系列相对较小的断裂带，如莲峰断裂带、华蓥山断裂带、马边—盐津断裂带、昭通—鲁甸断裂带、峨边—金阳断裂带等。这些断裂带与主断裂带复合相交，构造变形方向的不同，受力极为情况复杂。

马边—大关地震带为川滇交界东侧地区复杂的强震构造带，中强地震主要沿北北西向断裂带分布，有较为明显的平静与活跃周期，而且在大震发生期间普遍多引发中强地震。据史料记载，本地震带历史上曾发生过多次较大地震，如：1216年雷波马湖曾发生7级地震；1935年12月至1936年5月马边发生12次5级以上地震震群，最大震级6.7级（2次）；1974年5月大关发生7.1级地震；2012年彝良附近发生5.6级和5.7级的双地震；2014年鲁甸龙头山发生6.5级地震。这些地震的发生均表明该区域地质构造活跃，破坏性较大。

昭通—鲁甸断裂带

昭通—鲁甸断裂带主要由昭通—鲁甸、洒渔河和龙树河3条右阶斜列的断裂组成。总体走向40°～60°，洒渔河和龙树河断裂带倾向东南，昭通—鲁甸断裂带倾向西北，它们共同构成几何结构复杂的逆冲断裂系（见图1-9）。

野外考察表明：沿断裂表现为平直的断层槽地、定向排列的断层三角面、断层陡坎等地貌；大桥边、光明村等地断层为晚更新世—全新世地层；龙树河

Ⅰ级阶地上发育高0.5～2.0米的断层陡坎，表明其最新活动时代为晚更新世—全新世，运动性质以逆冲运动为主，兼有右旋走滑分量。此外，在北东向断裂间穿插发育的一些北西向断裂，同样表现出晚第四纪活动特征。由于块体远程变形响应与能量交换传递，在川滇块体东侧形成了凉山次级活动块体，昭通—鲁甸断裂带位于凉山次级活动块体南东向运动的前缘部位。其独特的地理位置和复杂的断裂几何结构成为凉山次级块体构造变形的主要承载体之一，吸收、调节块体南东向运动应变，并构成了凉山次级活动块体的南部边界。

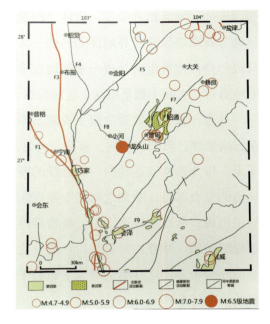

图1-9 昭通—鲁甸地震带（邓敏 摄）

昭通—鲁甸断裂带在活动块体边界和区域构造格架划分上具有重要的构造意义，同时也是滇东北地区重要的地震构造。

第三节 气候

高原季风立体气候

昭通是云南省内自然条件较为复杂的地区之一，在其特殊的地势、地貌作用下，形成了区域内典型的高原季风立体气候，即俗语所称的"一山有四季，十里不同天"，特点是干雨季分明，雨热同季、干冷同季。区域内自然气候类型划分为南亚热带、中亚热带、北亚热带、南温带、中温带和北温带6个气候带。光、热、水等气候资源不仅存在着水平方向上的较大差异，而且垂直方向的差异更为突出。

云南地处南亚季风和东亚季风接合部，滇东北区域内气候的变化同样受到这两支季风气候振荡的影响，使区域内干雨季分明。每年11月至次年4月为干季，降水量仅为130毫米，占全年降水量的8.6%～21.7%。在干季中，由于滇东北区域处于北方冷空气入侵云南省的前沿地带，受冷空气影响的次数多、强度大，地面偏北风占了较大的优势。在干季的冬末或春夏之交，又与云南省一样，在高海拔影响下，高空强西风动量下传，使得地面风速较大。加上青藏高原屏障影响，形成晴朗、干燥的天气。5月至10月为雨季，降水量为749毫米，占全年降水量的78.3%～91.4%。雨季主要受印度洋西南季风及西太平洋副热带高压西北侧边缘的偏西南气流影响，西南季风盛行。同样，受青藏高压的影响，对偏北冷空气起阻塞作用，易形成雨季中的持续伏旱（夏旱）天气。当副热带高压较弱时，偏北冷空气在区域内相遇，则带来大量的降水，形成温暖湿润的天气。

由于高原季风立体气候影响，区域内有的地方山上是白雪皑皑的北国风光，山下却是郁郁葱葱的江南景色。立体气候为滇东北地区生物的生存和繁衍提供了多样的生境条件，也为此地发展立体农业创造了得天独厚的优势，由此带来了农业布局、农业生产、农产品的多样性。

金沙江干热河谷

金沙江干热河谷，也叫"金沙江干旱河谷"，主要分布于云南和四川两地。在云南境内，干热河谷区总面积约1.5万平方千米，区域包括巧家、永善、绥江、水富等地。干热区域分布的海拔高度在不同地区有所差别，一般位于河床以上400～600米的河流两岸阶地和山坡，巧家等地的干热河谷干热带上限达1300～1500米。河谷普遍呈"V"字形峡谷，谷坡陡峭，江岸险峻，峰峦重叠（见图1-10）。

图 1-10　金沙江永善码口撮鱼滩河谷——金沙江最窄处（任继敏 摄）

金沙江河谷区地带由于地形闭塞、海拔较低，东、西、南三面都有高山阻挡，自东南和西南来的暖湿气流受高山层层阻挡，至此已是强弩之末。气流被谷坡抬升，在迎风坡形成地形雨，越过山顶后气流下沉增温，产生焚风效应，使空气变得更干燥，常年降水较少，气候干热。又加上干热河谷地表缺乏植被覆盖，地面反射率高，更进一步促进近地面大气温度增高。

金沙江干热河谷是中国西南地区特殊的地理环境，为典型的干热地区之一，素有"内陆热带飞地"之称。处于焚风作用下的金沙江干热河谷，形成越靠近江面，气候就越干旱的奇特现象，典型的气候特征是既热又干。河谷地区热量条件十分丰富，气温高，旱季干燥，干热同季。年平均气温为 21～23 ℃，最热月均温在 25 ℃以上，最冷月均温在 10 ℃以上，除冬温低于热带地区外，其他季节可与滇南南亚热带相比，属于南亚热带气候类型。年降水量 600～800 毫米，但年蒸发量却为年降水量的 3～6 倍。河谷两侧植被群落为稀疏的热带常绿肉质多刺灌丛、稀树灌丛草坡，无明显乔木层，越接近河谷的地方植被越稀少。土壤类型有燥红土、褐红壤、赤红壤、紫色土等，以燥红土为主，抗蒸发能力弱。河谷生态系统十分脆弱，水土流失严重，是典型的生态脆弱带、造林极端困难地区之一。

昆明准静止锋

昆明准静止锋又称"云贵准静止锋"，是一个在云贵高原的大气现象，主要由变性的极地大陆气团和西南气流受云贵高原地形阻滞演变而成。此区乌蒙山脉和五莲峰山脉横踞其间，全境地势西南高、东北低，并向北倾斜，当北方冷空气南下经四川盆地向云贵高原推进时，受云贵高原上两大山脉的层层阻挡，北方冷空气移速逐渐减慢或滞留境内北部、东部地区，而西南暖湿气流在翻越两大山脉过程中沿途减弱，冷暖两支气流常在两大山脉附近形成一条东南—西北向的准静止锋，即昆明准静止锋。

昆明准静止锋锋面的平均位置大致在贵阳市、会泽县、宣威市和昭通市之间，滇东北的部分地区则位于该准静止锋锋下，影响最突出是冬季，云层低而薄，易形成连阴雨天气。在昆明准静止锋控制下，两侧的天气、气候特征迥然不同。锋前东北部的镇雄、威信、彝良北部、绥江、盐津、大关和永善北部等地区常年阴雨日数较多、日照少（盐津最少，达952.1小时/年）、气温低、气候湿润，但降水强度一般较小；锋前西南部的昭阳、鲁甸、巧家、永善南部和彝良南部等地区则在单一的干暖气流控制下，碧空如洗，晴朗天气多，雨水天气少，气候干燥，形成了"南干北湿""东边有雨西边晒"的气候特点。例如，在东北部的镇雄、威信，形成了降水日数最多的地区，达230天以上，镇雄曾有冬季连续无雨日仅为12天的现象，是云南冬季连续无雨日最少的区域。

若我国南下冷空气势力较强，昆明准静止锋就会受其影响相应南移，进入滇中地区，给滇中地区带来一次降温和降水过程。据统计，在云南，约有80%以上的阴雨、降温过程都有昆明准静止锋参与，它是影响云南冬半年天气的主要天气系统，同时，贵州高原"天无三日晴"也与昆明准静止锋活动有关。

一雨成秋（冬）

"山高一丈，水冷三分""遇雨成冬，一雨成秋（冬）"，这是滇东北高原区立体地形、立体气候下该区域气候的真实写照。

滇东北高原区"一雨成秋（冬）"的现象，一是源自海拔高、空气稀薄、太阳辐射强，大气稀薄使大气反射减少，到达高原面的太阳辐射增加，同时也使大量的地面辐射逃逸到宇宙空间，保温作用较弱，这就使气温随着太阳辐射的变化大，日较差大，阴天和晴天气温差异大。二是受昆明准静止锋的影响，当北方冷空气南下经四川盆地向云贵高原推进时，受云贵高原上乌蒙山脉对南下冷空气的层层阻挡，北方冷空气长时间滞留境内北部、东部地区，形成昆明准静止锋。在其控制下，滇东北的东部地区降水日数增加，气温骤降，天气变阴。每当下雨时，太阳辐射又被减弱，水分蒸发较多，热量减少，造成气温骤降，便会感觉寒冷如冬，出现"一雨便成秋（冬）"的现象。因此，昭通市有"秋城"之称，是避暑胜地。

第四节　山川峡谷

乌蒙山（滇东北段）

乌蒙山属境内两大山系之一，位于滇东高原北部和贵州西北部。主体为金沙江南岸支流横江、牛栏江与珠江上游北盘江、南盘江的分水岭，东北侧为长江支流赤水河和乌江的源头。唐朝时，南诏国王异牟寻效仿中原封禅五岳的做法，在其境内大封"五岳四渎"，处于疆域之东的乌蒙山被封为"东岳"（见图1-11）。

乌蒙山脉呈东北—西南走向，东北起于镇雄和贵州毕节境内，向西南经赫章、威宁、彝良、昭阳、鲁甸至宣威、会泽等地，止于小江谷地东侧，长250千米，南高北低，海拔一般在2000～2600米，平均海拔约2080米。山地所在的昭通一带，历史上属乌蒙部和乌蒙府，乌蒙山因此得名。乌蒙山由不同走向的三支

第一章 自然地理

图 1-11 磅礴乌蒙（宋大明 摄）

山脉构成：西支在威宁草海以西，以西凉山为主脉，向北延伸至昭通，海拔在 2600 米以上；东北一支过草海东侧，经威宁，跨镇雄，穿越毕节、大方，抵金沙白泥窝大山，海拔一般为 1800～2400 米；东南支则插入水城、六枝，呈西北—东南走向，是北盘江与三岔河的分水岭，海拔一般为 1300～2600 米。乌蒙山脉中海拔超过 2800 米的山峰主要有西凉山、箐门凉风台等。最高峰牯牛寨海拔高度为 4017.3 米，位于东川与会泽交界处。

乌蒙山是由断层抬升形成的年轻山地，大部分由古生代地层组成，由石炭系、二叠系灰岩和玄武岩构成山地主体。以高原面抬升中相对掀起的断块山地构成高大山地的主体，其间局部有残存高原面和断陷盆地发育，河谷两侧高原面受河流切割，地势起伏大。山地高耸于昭通和毕节地区，对冬春季节沿四川盆地西缘频频南下的冷气流有显著的阻挡作用，致使山地东侧冬春多阴湿天气，西侧则天气晴朗暖和，且两地的自然植被和农业自然资源差异显著。山地中蕴藏丰富的矿产。陷落盆地为昭通重要的农业基地。植被以华山松、云南松、杉、竹林为主。

五莲峰山脉

五莲峰位于滇东北高原西部,为横断山脉的一个分支,凉山山系五莲峰山脉东伸边缘,处于牛栏江—金沙江与洒渔河—横江之间。在永善莲峰境内,山脉中段的五座山峰状如蓓蕾出绽欲放的五朵莲花,故而得名"五莲峰"。据《永善县舆图》《嘉庆永善县志略》《云南通志稿》等古籍记载,五莲峰也被称为"永善九莲峰",被列为"永善八景"之首(见图1-12、图1-13)。

图1-12 云霞蒸蔚五莲峰(袁志坚 摄)

图1-13 雄奇五莲峰(袁志坚 摄)

五莲峰山体呈东北—西南走向,东北起自绥江县金沙江谷地以南,经永善、大关、盐津、昭阳,至鲁甸西南部牛栏江谷地东北的大虎山,构成了由北向南渐次抬升的向斜皱褶,总长约180千米,宽10～30千米。山脉以南的大包顶、大雪槽(大佛山)等大山,海拔在2000米左右,主要由二叠系灰岩和玄武岩等较古老而坚硬的岩体组成,高踞于中生代紫红色砂页岩构成的山丘之上。山间植被以峨眉栲、小叶青冈、巴东栎、宜昌润楠等湿性常绿阔叶林为主，多罗汉竹；山脉中段主要在永善境内，由二叠系玄武岩构成广阔的残存古夷平面。一般海拔在 2500 米左右，为一片广大冷湿山地。山地东坡地势较为平缓，连接洒渔河、关河谷地，有大面积的草场分布；山脉南段在昭阳和鲁甸西部，牛栏江谷地以东与龙树河、小寨河之间，由二叠系玄武岩构成，为广阔的残存古夷平面，属于构造山地。主要山脉有大山包、臭水井梁子等。

五莲峰地壳抬升幅度高过乌蒙山，由北向南山体海拔逐渐升高，形成群峰挺立、山体陡峻的一系列高大山峰，高低悬殊。从北部绥江坛子口（海拔 2002 米）渐升至永善燕子岩（海拔 2853 米）、老米寨梁子（海拔 3130 米）、镜子山（海拔 3189 米）和昭阳大山包（海拔 3362 米）、鲁甸干沟梁子（海拔 3356 米），进入巧家赖石山（海拔 3426 米），至最高点药山主峰轿顶山（海拔 4041.6 米）。由于整个地势西南高、东北低，向北倾斜，使得西南暖湿气流在翻越山脉进入滇东北高原的过程中逐渐减弱，北方冷空气则可长驱直入，二半山区（海拔 1700 米以上）为典型的高寒山区，气候阴冷潮湿。

大雪山

大雪山绵延于川、滇交界的威信县、彝良县与珙县、筠连县 4 县接合部，距威信县城 49 千米，属于乌蒙山北支余脉。大雪山总面积 215.33 平方千米。主峰在威信境内，海拔 1777 米，冬雪积存，仲春不化，入夏后雪线慢慢消融，因积雪早融雪迟，故得名"大雪山"（见图 1-14）。主峰分出 2 条支脉，一支为终南山，另一支为尖峰山。终南山逶迤起伏，托擎出 9 座奇异的峰峦，形如 9 头雄狮，昂然于高原倾斜的天穹下；尖峰山脉扭结，堆垒出 18 座山头，状若相互追逐的 18 只大象，由此得名"九狮十八象"。

大雪山地处四川盆地南缘逐渐向云贵高原抬升的过渡地带，独特的地理环境和气候条件，孕育了区域内丰富的生物，森林覆盖率高达 70%，植被以湿性常绿阔叶林及其演替的次生林为主。大雪山中珍贵的林木有国家一级保护植物珙桐（鸽子树）、银杏、红豆杉，二级保护植物福建柏、水青树，以及珍稀植物筇竹、木瓜红等。林中除野猪、豺狼、野兔、松鼠、刺猬、九节狸等野生动物外，还有国家一级保护动物金钱豹、云豹，以及二级保护动物短尾猴、红腹锦鸡、黑熊、獐等。

图 1-14 大雪山原始森林（郑方星 摄）

大雪山曾是红军"川滇黔边区游击纵队"（后改称"中共川滇黔边区特委和红军川滇黔边区游击纵队"）的主要活动基地。1935 年，中央红军"川滇黔边区游击纵队"和"云南游击支队"以大雪山为根据地，在此坚持武装斗争近 10 年。

喀斯特高原

云南是中国喀斯特地貌较为发育的省区之一，全省 16 个州（市）均有不同时代的石灰岩地层分布，其中以红河断裂（元江谷地）以东滇东片区的昭通、曲靖、文山、昆明、玉溪及红河的东部地区最为集中，与黔、桂两省的石灰岩区相连成片，属南方喀斯特地貌的重要组成部分。

滇东北高原碳酸盐岩从古生代到中生代都有较厚的沉积，分布面积广，从大地貌形态上看，它们分布于高原顶部，构成喀斯特高原（见图 1-15）。高原面起伏和缓，相对比较稳定，地下水的水位稍高。鲁甸、彝良、镇雄等，都是逐渐下降的斜坡地带，地面坡度大，河流侵蚀与分割强烈，地表崎岖多山，在石灰岩区多形成幽深的灰岩峡谷；断陷盆地边缘遍布塔状峰林或峰丛的石灰岩山地相间分布，缺少大型盆地；小型的溶斗、溶蚀洼地多分布在分水岭部位。

图 1-15 喀斯特高原地貌（宋大明 摄）

受地貌和气候影响，这片喀斯特高原的岩溶地貌形态多样，溶洞、溶沟、石芽、溶蚀洼地、干谷、盲谷、峰林、峰丛各地都有出现。峰丛洼地以东部洛泽河、洒渔河与大关河分水岭、鲁甸火德红，以及彝良龙街、小草坝、龙海，镇雄芒部东部地区分布最广。峰丛谷地多分布于东南部洛泽河、以萨河、牛场河等河谷地带。

亚高山草甸

草甸是指以多年生中生的地面芽和地下芽为主组成的草本植物类型，是在水分和土壤适中的条件下形成和发育起来的。云南的草甸集中分布在滇西北和滇东北的高山和亚高山地带，海拔2800～4500米的地方。滇东北高原草甸主要分布在乌蒙山山系海拔3000米以上的乌蒙山、大海草山、巧家药山、大山包等高山和亚高山丘陵地带与山地森林上界附近。草甸类型包括位于海拔3000～3900米的草甸植被，以及海拔3200～4000米有沼泽草甸和部分流石滩疏生草甸。

亚高山草甸往往与亚高山针叶林有密切的联系，是亚高山针叶林破坏后形成的次生植被类型。在亚高山中部，常于潜水的生境下出现的以湿中生植物为主的草甸被称为"亚高山沼泽化草甸"，即土壤沼泽化条件下的草甸。其所处环境山高水冷，冬长夏短、风大、日照强、温度变化大、雨量多，因此具有土壤水分饱和、光能利用率低、表土富含有机质、呈黑色、土壤通气性很差等特点。因自然条件比较严酷，草甸附生的草类矮小，生长期较短，产草量低。主要草本植物有羊茅、西南委陵菜、翻白叶、黑穗画眉草、白蒿、琼花香、鞭打绣球、灯心草、莎草、百脉根、金雀花、云南裂稃草、垂穗披碱草、四脉金茅等。草场集中，万亩以上连片草场多分布在此地带，是本区绵羊的主要产区。在盛夏季节，草甸中开满各色鲜花，高度可达30～50厘米，又被称为"五花草甸"（见图1-16）。本区亚高山草甸是黑颈鹤的主要越冬地之一。

图1-16 大山包亚高山草甸（宋大明 摄）

长江上游生态屏障

昭通属于典型的高原山地构造地貌，其中山区面积占 72.5%，河谷区面积占 23.8%，平坝区面积占 3.7%。金沙江在区域内流域长度达 414 千米，境内有大小河流近 400 条经金沙江流入长江，受金沙江及其支流牛栏江、横江等河流的纵横切割，境内山高坡陡，沟壑纵横，海拔 2000 米以上的山区面积达 30%。本区耕地中 25°以上陡坡耕地占 15% 以上，有的坡地、陡坡耕地熟土层仅 10~15 厘米。本区土层薄、植被少、气候严寒，境内水土流失面积达 1.13 万平方千米，占总面积的 47.1%。区域内独特的自然地理，造成生态环境的本底脆弱，致使水土流失严重、自然灾害频繁发生。加上人口密集和经济薄弱，对资源环境的压力不断增大。人们为了生存而大量开垦荒山荒地、过度放牧、砍伐森林植被，广种薄收，导致水土流失进一步加剧。

区域内所属的巧家、永善、绥江、水富等地，是金沙江进入长江的最后一道生态屏障的重要组成部分。随着长江中上游防护林工程的展开，本区针对水土流失等自然灾害，加强了对重点湿地、森林、河流、土壤生态系统的保护，提高了生态环境质量和承载力。现已建成各级各类自然保护区 16 个，保护区占昭通市土地面积的 5.2%；林业系统建立的各类自然保护区基本涵盖了昭通市 95% 的陆地生态系统类型，以及 90% 的野生动物和高等植物种类。

干旱多发

昭通水资源极为丰富，金沙江、牛栏江、横江以及各大支流（白水江、洛泽河）等大江大河蜿蜒穿梭于本区的深山峡谷之中。本区多年平均入境水量 1388 亿立方米，出境水量 1526 亿立方米，年均产水量达 138 亿立方米。然而，拥有丰富水资源的昭通，却是旱灾多发之地。

本区干旱主要是以农业干旱为主，是云南农业干旱多发区之一。相关研究数据表明，在 1951—2000 年，本区农业干旱有 11 年出现了全域性大旱，平均每 4.5 年出现一次。近年来，干旱的出现频次和危害程度较历史上有增无减。

农业干旱属气象灾害中的主要灾害类型，形成农业干旱灾害的主要原因是大气降水对农业需求量的亏缺，并与同期温度、湿度、风等气象要素有关。这里需要特别指出的是，人们常称的干旱气候与农业干旱气候并非同一概念。干旱气候是指在一个地区常年降水稀少，即常年大气降水满足不了农业生产的需要，这些地区的干旱是正常的气候规律，农业全都依赖于人工灌溉；农业干旱则是指在湿润、半湿润和半干旱地区，由于降水的时空分布不均，降水变率大，在一定时期内的降水量大大少于常年同期降水量，不能满足当地农作物需求而产生的干旱。

首先，滇东北地处印度季风系统与东亚季风系统接合部位，主要受这两支季风系统的控制，干湿季节分明，降水时空分布不均，因此造成北湿南干。降雨主要集中在7—9月，其他月份很少有降水。其中，89.9%的降雨集中在汛期，而每年11月至次年4月的降水量仅占全年降水量的10.1%，南部干旱严重。其次，滇东北虽大江大河不少，但因境内河流深切割，海拔高差大，山高坡陡，峡谷幽深，导致田高水低的状况较为突出。"田在山上耕，水在山下流"，本区虽然表面水资源十分丰富，但是实际利用率非常低，造成农业干旱多发且分布广，形成"无灾不成年"和农业"靠天吃饭"的局面。

多滑坡、泥石流

滑坡、泥石流是在自然地质和人类活动作用下产生的一种极为普遍、危害十分严重的山地地质灾害。断裂带发育，岩层破碎、地面松散固体物质多；河流深切，山高坡陡；降雨时空分布不均；大量毁林毁草，生态环境退化恶变。以上这些因素叠加致使滇东北高原成为中国滑坡、泥石流灾害发生频率较高的地区之一，属长江上游水土保持重点防治区。

本区属山地环境，地质条件复杂，受小江断裂等地质构造的长期影响，山体、岩体经剧烈挤压揉皱，极为破碎，稳定性极差，加上碳酸盐岩地层分布面积较广，导致本区是长江上游滑坡、泥石流暴发频率较高的地区之一，每年都有滑坡、泥石流灾害发生。区域内滑坡、泥石流大多为堆积层滑坡,厚度多为中层至浅层沿软弱结构面或下伏岩表面滑动,多发生在高山、中山深切峡谷和坡度大于45°且海拔在1200～1500米处高陡边坡以及岩层坚硬而裂隙发育的陡坡上(见图1-17)。

图1-17 云南省地质灾害气象风险预警

在长期构造运动和流水的侵蚀作用下,本区地表岩层变得破碎、地面松散固体物质多,植被覆盖率低,一旦遇到大雨、暴雨,极易发生滑坡、泥石流灾害。根据多年来的实际发生情况及对其主要影响因子的科学分析,滑坡、泥石流遍及全区11个县市,沿河流流向呈带状分布,集中分布于金沙江、牛栏江、关河、横江、洛泽河、白水江等深切河流的河谷坡岸及各级支流中溪沟两侧。因此,本区滑坡、泥石流具有分布广、数量多、突发性、群发性、频率高等特点。巧家大部分地区和会泽、鲁甸、昭阳、永善、绥江、水富等地的部分地区是滑坡、泥石流极强活动区，盐津、镇雄两县也常发生滑坡、泥石流灾害。

蒋家沟泥石流

泥石流是一种发生在山区，介于水流与崩塌、滑坡等块体运动与由泥沙、碎块等之间的固体松散物质、水体所组成的混合流体，在重力作用下，沿坡面或溪沟迅速流动的一种自然地质现象。蒋家沟是我国西南山区一条典型的泥石流沟，处于云贵高原北部、乌蒙山脉西缘，发源于小江西岸的大海乡蚂蚁坪，全长12千米，流域面积47.1平方千米，与小江呈直角相交汇入，约有支沟200条，其中切沟约154条、冲沟约46条。蒋家沟每年暴发泥石流数次达数10次，最少每年暴发2次，最多28次。该区域泥石流暴发频繁，规模巨大，被誉为"泥石流的天然博物馆"。《中国泥石流》一书中说，中国泥石流暴发频率之高，规模之大，远非世界其他国家所能相比，如云南东川（会泽）蒋家沟泥石流，每年都要发生10次以上，最长的一次活动过程长达48小时。

形成泥石流必须同时具备三个基本条件：一是地质条件，固体松散物质储备丰富；二是地形条件，坡面坡度与沟谷纵比降较大，以重力作用为主；三是气象、水文条件，可从高强度降水或冰雪融水获得充足的水源供给。蒋家沟属滇东北高山峡谷类型，泥石流的形成有地质构造、气候、水文条件、植被破坏等原因。区域内山高坡陡，植被稀少，山体疏松，固体松散物质占总面积的61%。气候干湿季分明，雨季多阵雨、暴雨，致使滑坡和坍塌活动十分强烈。可见，丰富集中的降水、陡峭的地形和丰富的固体松散物质，为蒋家沟泥石流的形成发展提供了充分条件。

如今，通过生态治理工程，在蒋家沟泥石流的边缘区种植干热河谷先锋树种——膏桐、合欢、台湾相思、大树青椒等，恢复干热河谷区的生态植被，使其水土流失减弱，生态环境得以有效改善，蒋家沟泥石流的发生频率逐渐降低。

雨碌大地缝

在会泽县城东南的雨碌乡，分布有一条大地缝，长逾10千米，最宽处超过20米，最窄处仅1.4米，最高达486米，属喀斯特地区岩溶嶂谷型（见图1-18）。地缝内有众多的石芽、石柱、石幔、溶洞等。地缝入口处，两山相接而形成一道天然的"门"，名曰"生命之门"。洞外左侧山壁前，有一块巨石，极像法国雕塑家罗丹的传世之作《思想者》，因而名曰"大思想者"。洞内顶部呈弧形，有上亿年岩浆形成的道道褶皱，当地人称"天花板"，长约20米。整个地缝曲径通幽，高深莫测。左右两边山崖壁立千仞，险峻万端，从崖石上沁出的泉水，随壁直下，构成一道道珠帘。

图1-18 雨碌大地缝（张启戊 摄）

雨碌大地缝的形成原因主要是地壳运动和流水侵蚀。距今约2亿年前的中生界中期，云贵高原还是一个长期浸没在大海中的港湾，沉积下丰富的石炭岩层。到二叠纪，该处海水进退频繁，地壳升降运动强烈，从此，地壳抬升，海水退缩，逐渐露出地面。到了6000多万年前的新生界第二纪和100多万年前的第四纪初期，包括会泽在内的云贵大地上升为高原。其间分布有众多的断裂带，大地缝正好处在一条断裂带上，海拔高度在1700～2900米，地壳的张裂使岩层断裂，小米河穿缝而过，形成该地的断裂带。加之大地缝处于亚热带季风气候区，降水丰沛，在地壳升降变化中，经过上百万年的流水侵蚀作用，最后形成今天的会泽雨碌大地缝。

大关"石生蛋"结核

出露于大关洛泽河畔的"石生蛋"结核，属云贵高原扬子准地台区典型的"石生蛋"景观。发育于志留系中统黑色泥页岩地层中，个体较大，形态保存完好，成层出现。该区域共计有两个层位，露头地层长约 146 米，宽约 100 米，顶层"石蛋"密集区厚达 1.4 米，底层厚达 1.46 米，"石蛋"单体直径在 5～15 厘米不等。

"石蛋"是由深海软泥中的一些颗粒物的结核演变而成，因差异风化而出露于地表的景观，与贵州三都水族自治县的"石生蛋"结核景观遥相呼应。除发现有大量"石蛋"之外，还发现有大量三叶虫、直角石化石和黄铁矿球粒。这些证据都表明该区域当时是一片深海，其软泥中游离着一些碳酸钙分子，在特定物理化学作用下，它们渐渐凝聚在一起形成坚硬的结核，经过亿万年的地质运动，上层沉积物的不断压实，结核变成了"石蛋"，并最终出露于地表。

长江东转处

"北有乾坤湾，南有长江东转"，说的就是在长江和黄河这两条大河上分别有乾坤湾和长江东转处两处天然奇观。其中，长江东转处位于滇东北绥江县的南岸镇真武山下，北面与四川屏山新市隔江相望，真武山上可以俯瞰其全景。

长江从"世界屋脊"青藏高原奔腾而下，由滇西北进入云南德钦县境内，在近 3000 千米的流程中，滇、川两省山峦夹峙下，均是南北流向。到了云南最北端绥江县五莲峰山脉余脉处的南岸镇，由于受地貌的影响，金沙江在此呈现一个一百多度的急转弯，由上游一路南北穿行流而突然掉头东转，形成罕见的"Ω"字形河流地貌奇观，成为长江干流的重要地理标志点。因向家坝水电站筑坝截流，江水流速减缓，河面展开，成为面积广阔的高峡平湖，图 1-19 所示为向家坝水电站建成前后长江东转处江域风貌。

（a）建成前　　　　　　　　（b）建成后

图1-19　向家坝水电站建成前后长江东转处江域风貌（马志明 摄）

龙头山

凉山山脉五莲峰山系向南延伸于鲁甸梭山、乐红、龙头山、水磨、龙树一带，形成一系列高大的山梁。其中龙头山，因山形似龙头，山下有清泉长流，故得名。历史上享有盛名的朱提银即产于此。清乾隆初年，境内乐马厂大办银矿，龙头山为物质集散要地，逐渐形成村落集市。

龙头山处于牛栏江北岸，受牛栏江及其支流沙坝河和龙泉河切割，多山岭沟谷，多缓坡、陡坡、台阶地。小江断裂带北段经此，地质构造活跃，地震频繁，为2014年鲁甸地震的震中区。境内主要山脉有大佛山、照壁山、海家大山等，最高点是大佛山，海拔2613米，最低点在牛栏江出境处，海拔1070米。河谷地带，海拔在1600米以下，属低二半山及河谷区，年平均气温14.7 ℃，年降雨量700毫米。海拔1600米以上地区为高二半山区，气候温凉，多雨。山间土壤为红壤、黄壤。植被的主要构成为松、柏、桐林、竹及灌木等，活跃于林间的野生动物有獐、鹿、岩羊、野兔、野鸡、锦鸡等。

乌峰山

乌蒙山蜿蜒北上，经镇雄的果珠彝族乡、芒部镇，山脉趋于平缓，至镇雄县城西北面,在乌峰街道上街村、小河村交界处,山势突兀崛起,形成7座峭拔崛立的峰峦,即乌峰山,其中东南第二峰为主峰,海拔2181米。整座山体呈西北—东南走向,西北起麻糖坳,东南至黄鹰坳,跨越3千米。

乌峰山,旧名"乌通山",当地人也称"梧桐山",以其毓秀庄严成为镇雄的象征。《万历四川总志》记载:"乌通,在府治北五里。夷语'首'曰'乌','立'曰'通',乌通谓此山巍然独峙,高入云端,如人翘首特立。"新编《镇雄县志》记载:"昭通旧名乌蒙,陟巅展眺,依稀可见。故得名乌通。"

乌峰山向南背北,前峭后丰,形成镇雄县城北部的天然屏障,能抵挡冬日刺骨的寒风,同时又是一部晴雨表,每当云雾笼罩山头,天气必定转阴或降雨,故有"乌峰山戴帽,镇雄城雨到"之说。山体主要由上古生界二叠系上统玄武岩和石灰岩组成,北麓有一片鬼斧神工造作的石林,东麓有一水塘。山下有丰富的无烟煤矿,储量达900万吨。植被主要是灌木林和次生松林,有天麻、九连环、蜘蛛香等中草药材(见图1-20)。

图 1-20 镇雄乌峰山(龚勇 摄)

金钟山

金钟山位于会泽古城西南端、以礼河以东山麓,与县城紧邻,因山体形状如金钟倒覆，故得名"金钟山"。这座山最高点海拔2300米，相对高度168米，总面积约5.44平方千米。山体主要由二叠系下统晚古生界石灰岩和玄武岩构成。植被为次生的罗汉松林，森林覆盖率达90%以上。从山脚到山顶，有大理石坎729级，又因文昌帝君以"七曲"相称，故石坎所向，也拐了七个弯，当地人又称此山为"七曲名山"。

在民间，传说在每年农历二月初二"龙抬头"的时候，德高望重的文昌帝君会用铁锅把在会泽兴风作浪的九条蛟龙扣住，年深日久，铁锅就变成一座郁郁葱葱的青山，屹立在会泽县城的南面。为了纪念文昌帝君伏龙之善举，于清雍正末期至乾隆初期，人们在山巅上建盖了文昌宫。咸丰四年（1854），又于文昌宫东北侧兴建了一座碑坊，正面上书"登峰造极"，背面又书"珠星朗耀"，皆为红底金字。会泽人民把金钟山视为福地，每年的"二月二"成为会泽人民游金钟山的传统节日。

会泽大海草山

大海草山位于会泽县大海乡东南部，地势平缓，拥有面积约20万亩高山草甸资源，是典型的亚高山草甸旅游区。大海草山因草而得名，也因草而成名。大海草山地处印度洋季风区域内，纬度较低，气候温和，雨量充沛，随处可见泉眼，溪水在草山之间随意流淌。

大海草山主峰大海梁子处于乌蒙山系南端，海拔在3570～4017米，主峰牯牛寨又名"降云弄山""福在山"，海拔4017.3米，是乌蒙山系的最高峰，也是会泽境内最高大的山梁。"大海"是彝语"达七摆"的谐音演变形成，意为"台阶最高的地方"，"梁子"一般是特指山峰。大海梁子呈东北—西南走向，南高北低，呈阶梯状下降，由南向北绵亘36千米，由断层抬升形成的年轻山地大部分由上古生界的石灰岩组成。大海草山气势磅礴，横亘于大海、金钟等地，西部为东川与会泽的分水岭，傍峙小江。《东川府志》记载："重岗绝山，高三十余里，危峰矗立，常有云气覆之，每当晴日，苍翠欲滴，滇东四、五百里皆见之。"

会泽大海草山曾是红军长征爬雪山、过草地北去的重要地方，如今最为著名的是牯牛峰下的万亩杜鹃和佛光，杜鹃以品种繁多、面积广阔著称，2009 年被《国家人文地理》杂志推荐为全国 108 个绝美地标之一（见图 1-21）。

图 1-21　会泽大海草山（王华 摄）

阿噜伯梁子

鲁甸，昔名小乌蒙，原系彝族聚居之地。四周的山皆属乌蒙山与五莲峰两大山系，西北部五莲峰山系延伸于鲁甸梭山、乐红、龙头山、水磨、龙树等一系列高大的山梁，主要有干沟梁子、火干梁子、猫猫山、大佛山、三锅庄梁子、阿噜伯梁子等。东南部乌蒙山系延伸于文屏、大水井、火德红、小寨等地，主要有大黑山、小黑山、祭龙山、嘟噜坡等山峰。两山系的交汇地带，地貌复杂多样。

阿噜伯梁子位于鲁甸县城北部、龙树东部、昭阳乐居西侧，是该区高大的山梁，山体呈南北走向，面积3平方千米，主峰海拔2800米。阿噜伯系彝语地名，阿噜为彝族名号，"伯"就是"山"，意为彝族阿噜家的山梁。按彝族语言的习惯，又称"龙"为"噜"，因此"阿噜伯"就是龙山的意思。

炎山

炎山，在昭阳西部、金沙江东岸、炎山境内，位于五莲峰山系西南。东与大山包接壤、南与田坝乡相连、北与大寨乡毗邻、西北临金沙江河谷地带，地势东高西低，境内海拔高差悬殊，主峰海拔2710米，最低海拔499米，气流下沉绝热增温，导致气候十分炎热且因此而得名。山体面积呈南北向，属二叠系下统，由灰岩、砂岩、页岩组成。

炎山有"三洞""一坟""一树""一水"等奇特的自然景观。"三洞"之一的神仙洞，会飞出类似蜈蚣模样的五彩光环带；"三洞"之二的屋角龙洞，有一汪潭水，人一旦搅动潭水，便会起浪；"三洞"之三的石丫口神洞，敬神求雨甚灵。"一坟"，又称"杨家坟"，在这座坟的墓碑基石处能听到阵阵的江河波涛声。"一树"，名"黄果树"，当地人称"四瓣辣子花"，所结之果每年有规律地递增，且10个中只有1～2个有核，果肉甜带蜜味。"一水"，指由一泉眼形成的"犀牛水"，此泉两小时沸腾一次，沸腾时水量大且浑浊，平常水量小，清澈见底。

该区域因气候炎热，农业生产以玉米、水稻、薯类为主，沿金沙江岸一带特产油桐、花椒、蜡虫等亚热带经济作物，山地上有少量灌木林及松林。境内的中寨是著名民主人士和爱国将领龙云、卢汉的故乡。

云台山

云台山在大关县境中部寿山甘海村东缘，关河西岸，又名"尚山"。古为川滇要道隘口，秦"五尺道"经此，今昆水公路（213 国道）沿河东岸穿峡谷而过。

关河的深切割，形成一条长约 6 千米，峡高 600 余米，宽 50～80 米的峡谷。该峡谷东西两岸峭壁千仞，苍崖数丈。关河由南向北，从峡谷中流过。峡谷东岸的云台山，虽山顶海拔仅为 859 米，但悬岩直抵关河底，突显其地势更加险峻。山体呈南北走向，西渐抬升，南、北蜿蜒起伏。泉水从山顶遍布而下，直泄关河，远观此峡，水珠漂流，雾气漫山。山体岩石主要由古生代泥盆纪和石炭纪砂页岩、石灰岩、页岩、白云岩组成。经数千年滴水之功，出现了许多大小溶洞以及各种形状的钟乳石，更增添了此山景色之奇特。植被为疏林及杂草，盛产油桐、乌桕。

大黎山

大黎山又名"老黎山"，位于盐津县境盐井西南部、关河以西，为盐津县与大关县的界山。山体起于乌蒙山系北支，经昭阳区、大关县从豆沙关入境，分 18 座小山分别向西北方向延伸，大黎山是其主峰，海拔 1941 米。山体总体呈南北走向，西南高、东北低，北接四川盆地边缘，东西宽 6 千米，南北长 4.5 千米，面积 21 平方千米。山体受关河及其支流深切割，山势陡峻险要，悬崖峭壁较多。属侏罗纪碳酸盐岩组成，多黄壤、红壤。

大黎山山势巍峨，峰峦叠翠，是该区域亚热带向温带过渡的典型特殊地带，常年雨多雾浓。植被茂盛，生物多样，为森林生态类型，森林覆盖率达 85%。主要物种有桢楠、桫椤、大木香、罗汉竹等，是桫椤、绥江含笑（又名"十里香"）保护完整的林区之一。产茶叶、竹笋、竹荪及黄连、天麻等药材。有云豹、金猫、羚牛、熊、野猪、獐、岩羊、长尾雉、红嘴鸟、相思鸟、锦鸡、画眉等珍稀野生动物。也有无烟煤、硫、铁、铜、铅等丰富的矿产资源。

大黎山西南方有巧然天成的"八阵图"（俗称"乱山子"），是境内奇异的区域，大小山丘星罗棋布，怪石如林，翠竹参天。若风吹雾散，则是晴空万里。东部高家山盛产水竹,清代转运京铜所需竹篓即用此水竹编造。山麓建有黎山古刹,又名"飞来寺",寺壁立有明朝天启七年(1627)镌刻的马湖界至碑。民国17年(1928),金忠信等人在山顶建造了黎山圣母庙,后被损毁。

两合岩

两合岩位于威信县城西南部5千米处,由于地层断裂和流水侵蚀,致使扎岭山脉于此突然断裂,形成一条宽50米、高300米、长800米的峡谷,扎西河从两山中咆哮而过,削平半里长的深谷,河两岸岩壁对峙,远视无缝,仿佛立即合拢之势,故得名"两合岩"。峡谷两面悬崖高耸,笔直如削,有"一夫当关,万夫莫开"之险要(见图1-22)。

两合岩的左侧峭壁有一巨大的溶洞,在清代称"朝佛洞",洞深500米,最宽处50米,洞顶处有一朵巨大的天然石莲花,高8米,腰围25米,外形呈黄色花瓣。莲花后有一个小水窝,常年不干,人们称为"神水"。

图1-22 两合岩(宋大明 摄)

1982年曾在洞内发现新石器时代人类用过的骨针及熊猫、马鹿、犀牛等动物牙齿化石。考古证明,这是新石器时代人类遗址,即大约在5000多年前,威信就已经有了人类居住。威信天险两合岩——中央红军长征路经旧址见图1-23。

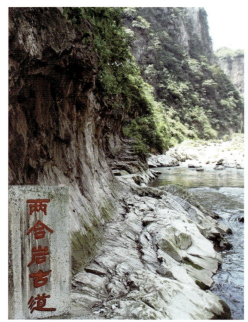

图 1-23 威信天险两合岩——中央红军长征路经旧址（郑方星 摄）

九龙山

九龙山位于昭阳中部、旧圃镇旧圃村西北，山体由9个山岭相连而成，远眺似九龙盘聚，故而得名。主峰海拔2351米，山体呈西南—东北走向，东、西、南三面向下倾斜，面积8平方千米，由13座山峰和9条山箐组成，峰峦叠嶂，林木苍翠。据《民国昭通县志稿》记载，这13座山峰的名称依次是永寿、景福、叠干、连珠、狮子、半壁、三元、对矗、拱中、翠入、枕石、影崛、聚秀。多条山箐的林荫深处有清泉流出。九龙山西有锦屏山，昭鲁河从两山间自东向西北流经境内西边入洒渔河。

九龙山山体由二叠系上统峨眉山玄武岩、石灰岩组成。山岭上植被多为灌木林，尤其以白色或粉红色大叶杜鹃花为主。其山脚箐底林荫深处有一个大石洞，内有一潭清泉流出，因居九龙山下而得名"大龙洞"（见图1-24）。

第一章 自然地理

图1-24 九龙山（邓敏 摄）

元宝山

地处昭通市城东南的元宝山，因山形似元宝，故得名。主峰海拔1995米，相对高程70米，周长800米，系昭通坝子上隆起的一个山堡。迎城一方的山堡上，立有一碑，为"汉经师孟孝琚故里"，碑的两侧为龟、蛇二山，龟山延伸至凤凰山，蛇山延于象鼻岭。元宝山山体属二叠系上统，由峨眉山玄武岩组成。

元宝山史为"昭阳八景"之一，俗有"宝山环翠"之称。相传元宝山曾为道教龙门派数代传人静修之地，并建有道观，曾一度被昭通人民当作灵山福地。如今，道观已不复存在，依山建有元宝山公园。园内种植有40多种花草树木，如香樟、玉兰、枫香、银杏、金桂、银桂、四季桂、云木香、梅花、枇杷、茶花、杜鹃等（见图1-25）。

图1-25 昭通元宝山公园（杨德明 摄）

· 45 ·

轿顶山

轿顶山坐落于巧家县核桃村东南部，地跨药山、巧家营、中寨等地，主峰海拔 3556 米，面积 4 平方千米，因山顶呈圆形，形似轿顶，故得名。

就地质而言，轿顶山为逆断层，受构造线控制，山体呈南北走向，山脊蜿蜒起伏。受金沙江及其支流荞麦地河强烈侵蚀袭夺，河谷多呈"V"字形峡谷，也有窄谷和峡谷相间并存。山顶为缓平顶，西部多缓坡和山湾，东北则为万仞陡壁，在牛栏江一侧高差 3275 米，金沙江一侧达 3525 米，属典型的亚高山深切割地貌形态。地形高低悬殊，不同海拔地区四季气候及自然景观迥异，有"山下桃花山上雪，一日之行四季衣"之说。

轿顶山山体由玄武岩及碳酸盐岩组成，岩溶发育强烈，岩溶化程度高，岭间洼地、漏斗密布。东侧有一巨大溶洞，被称为"仙人洞"。洞中有伏流暗河，有瑰丽多姿的溶洞景观。原生植被多被破坏，现主要为灌木林及牧草，宜放牧。

磨盘山

坐落于巧家县马树镇老箐村西南方向的磨盘山，地跨巧家和会泽两县，因形似磨盘而得名。面积 2 平方千米，主峰海拔 2964 米，山麓海拔 2700 米。四周为缓坡，中部小坪，有一圆形山顶。山体呈西南—东北走向，主要由二叠系玄武岩组成。植被为灌木林及杂草，有少量中成松林。系古今军事要地，清雍正年间曾于此驻兵防守。

在清末之前，山下的马树镇曾是一个彝、汉混居且被彝族同胞长期治理的地方，彝语叫"马书"，意为一片湖泊沼泽之地。后来，随着时间的推移和历史的变迁，这里的地名由彝语的"马书"演变成了汉语的"马树"。其地理位置较为特殊，地处两市（昭通、曲靖）、两县（会泽、巧家）、五乡镇（炉房、大桥、迤车、老店、崇溪）接合部，拥有巧家"东南大门"之称。

将军柱梁子

将军柱梁子与诸葛亮有关。相传三国时,诸葛亮南征至堂琅,曾于此山驻兵,后将"驻"异写为"柱",故成"将军柱"。

将军柱梁子在巧家县白鹤滩街道回龙村东部,为横断山脉凉山山系五莲峰分支东伸边缘,主峰海拔3245米,山麓海拔2700米,面积6平方千米。山体呈南北走向,为逆断层,由玄武岩及碳酸盐岩构成。中部山岭陡峻,东西两面是陡坡及深谷。它是白鹤滩街道和药山镇的分水岭,以山顶为界,西为白鹤滩街道,东为药山镇。山间植被多为人工林及牧草。

凌子口

许多地名常常能反映一个区域气候的变化特征。凌子口就是因冬天凌子(冰凌)大而得名。凌子口位于昭通市东北约30千米处,北接四川,南连云南,是213国道出川入滇的必经之路和咽喉之地。这里气候恶劣多变,典型特点是常年多阴雨、浓雾笼罩,遇水即冻,一到冬季往往冰凌尤为突出,特别是每年冬季10月至次年2月。凌子口有大、小凌子之分,两地相距不远,大凌子口较小凌子冰凌更大,气候更恶劣多变。

就地质而言,凌子口属中深切割的构造侵蚀中山地带,岩层为中泥盆统海口组中层状石英砂岩夹薄层状泥岩。海拔为2179～2210米,向北经过长逾20千米的长坡路段,海拔逐渐降低,进入滇东北拗褶带中山峡谷区关河流域,最低处是大关寿山岔河,海拔为600米,南段下到昭鲁坝区。凌子口是两种气候的"分水岭":往北到峡谷底属潮湿性气候,往南到昭鲁坝区则是干燥性气候。经此区域常见不同的气象景观,关河流域和昭鲁坝区风高气爽、艳阳高照时,凌子口基本都为浓雾笼罩,傍晚气候更是变化莫测。"一山有四季,十里不同天",真实展现了凌子口在较短区域范围内气候的垂直变化。

笔架山

大关人所说的"巍巍笔架山,滔滔关河水",其中的笔架山指的是大关县翠华镇金海村西部的笔架山,其山的西麓为关河峡谷。此山为三峰并列,中峰略高,因山形似笔架而得名。笔架山为山中山,东部有俨如屏障的翠屏山,南面有形如大轿的轿顶山。《大关县志稿》云:"特角山在县城二里,层峦叠翠,顶多云雾,林木荫翳。"又云:"笔架山即特角山之高峰,极高处约三百六十丈零,主峰号笔架朝晖,为关阳十景之一。"大关笔架山以其山势陡峭壁立,巍峨雄伟,高耸入云,逶迤奇险,风光秀丽而备受世人瞩目。

笔架山属于乌蒙山系,主峰海拔1751米,面积10平方千米。山体呈南北走向,东、西部向下倾斜,南、北蜿蜒起伏。由古生代泥盆纪页岩、砂岩、白云质灰岩组成。产天麻、竹笋等。山间所覆植被主要为灌木、疏林及杂草,林中多筇竹、珙桐。

笔架山四季苍翠灵秀,山势弯曲陡峭,俊俏秀美。海拔高差大,山脚温度上升,显示一片春意盎然之景时,山顶则还有积雪。笔架山还有"神雾"景观,云雾从关河峡谷中慢慢升腾,集聚笔架山顶,把笔架山装扮成时隐时现、时明时暗的人间仙境(见图1-26、图1-27)。过去,大关人曾根据其云雾状况识别天气的好坏。

图1-26 雾绕笔架山(周元江 摄)

第一章　自然地理

图 1-27　夕阳辉映笔架山（胡荣　摄）

华峰山

华峰山位于绥江县中城镇东华峰村中部，金沙江从山体北侧流过。此山属五莲峰余脉，香炉山往北延伸分支山岭。由于江河切割，北部山势多陡峻，南部较平缓，主峰海拔1040米。清乾隆年间在此建有观音庙，大门上书"翠峰山"。因山峰耸立，苍翠挺秀，故称"华峰山"。

华峰山由东南隔小溪接太平山往北倾至金沙江岸，不属于高原区，其石灰岩分布较广。这里属亚热带季风型海洋性气候区，年平均气温17.8 ℃，年降雨量1000毫米左右，湿度大，气温高。山间植被为杉、松及杂木，珍稀树种有桢楠树，特产有茶叶、油桐、乌桕，并产柑、橘等。

大雪槽

大雪槽为乌蒙山脉北支山脉，大关、盐津、永善3县界山。因山洼多积雪，为雪大冰冻寒冷之地，槽沟深不见底，故得名。主峰在盐津县中和镇，海拔2263米，为三地共属的最高峰，面积27.5平方千米。

大雪槽山体位于关河以东，受关河的深切，形成南北走向条状侵蚀山地，山势陡峻，重岩叠嶂，地势北高南低，东、南、北三面为缓坡，西面为山脊、箐沟。由中生代二叠系砂页岩、白云岩组成，森林密布，植被为次生阔叶林，森林覆盖率达 92%，植被以杉、栎类为主，有罗汉竹、香樟、桢楠、杉树、泡桐、花楸等。有野生天麻、升麻、黄连、虫草、木通、淫羊藿、柴胡、五倍子、吴芋、六谷子、黄柏、杜仲、四块瓦等多种药材。活跃于林间的有国家保护动物熊、岩羊、麂、狐狸、豹、野猪、刺猬、锦鸡、白雉等。山间蕴藏有铁、煤等矿产资源。

三锅庄梁子

梁子即山梁、山脊，是由两个坡向相反、坡度不一的斜坡相遇组合而成条形脊状延伸的凸形地貌形态，即山与山之间连接的地方。三锅庄梁子位于盐津县柿子镇西南部，是盐津、大关两县界山，属于乌蒙山脉北支山脉，东为盐津县，西为大关县。其得名源自从前有人在此支三口锅炉办笋厂。主峰海拔 2032 米，面积 6 平方千米。山体呈南北走向，由古生代志留系砂岩组成。

三锅庄梁子所覆植被为次生阔叶林、针叶林及草地，主要树种有栎树、楠木、杉、水竹、筇竹等，另有天麻、黄连、升麻等多种药材，竹子是这里的重要植物。

季家老林

人类自古都是聚族而居，汉族宗族势力强大，所守护的山岭经常带有家族姓氏的标志，使原本"有名"无姓的林地跟随主人有了姓氏，如本区永善县叫"某老林"的就有 10 多个，杨家老林、周家老林、施家老林、苏家老林、季家老林等都属于"林从主人"，成为一个有名有姓的地理事物，反映出当时本族群区域的生态植被情况。

季家老林就是因此山森林属季姓人户所有而得名，位于昭阳区东部北闸街道箐门村东北隅，属昭阳区与彝良县界山。主峰海拔 2760 米，面积 16 平方千米。山体呈南北走向，东、西为陡坡、山垮。该林地是长江中上游乌蒙山片区的重要组成部分，也是本区饮用水源地大龙洞的涵养水源林。地层属古生代二叠系下统，由砂岩、页岩夹薄煤层组成。植被以灌木林和野生竹林为主。季家老林蕴藏丰富的沙、石、煤等矿产资源。

20世纪80年代以前，季家老林山深林密，草木葱茏，满山遍野野茶花、映山红争先开放，但随着区域挖煤毁林、开山挖沙、刨树兜做根雕等，毁林烧地现象严重破坏了季家老林的生态植被。如今，该片区取缔非法开挖煤矿、沙石场和重晶石开采，封山育林进行生态治理，生态植被恢复良好。

大黑山·小黑山

乌蒙山系延伸到东南部，海拔逐渐上升，形成著名的鲁甸大黑山、小黑山。大黑山是乌蒙山系的主峰，坐落于鲁甸县城东南江底镇东北隅箐脚村，为鲁甸县与贵州威宁县的界山，山北属鲁甸县，山南属威宁县，海拔2717米，面积3.6平方千米，因山上石头多呈黑色，故得名。小黑山地处鲁甸县城桃源回族乡桃源村东南部，海拔2260米，因与大黑山比肩，又有松林覆盖，远望山色青黑，海拔比大黑山稍低，故得名"小黑山"。

大黑山山体呈南北走向，由古生代玄武岩组成。受牛栏江支流强烈侵蚀下切，形成侵蚀中山峡谷地貌，相对高程100～1200米；河谷深狭，呈"V"字形；纵坡降大，山脊高峻，坡陡，泄流、垮塌重力地貌现象常见。山脚沟口多堆积碎石、块石及洪积扇，在水塘、江底的宽谷中堆积的矿砾石层厚达百米。植被为阔叶林、针叶林及灌木林，属长江上游防护林区域。有獐、麂、岩羊、野兔、野鸡等野生动物活跃其间。

嘎么山

嘎么山位于镇雄县西南的麦车村，是云南、贵州两省的界山，山间的嘎么垭口是镇雄县、赫章县接合部通道。东至雷打马梁子，南抵赫章县财神镇，西接嘎苏山，北邻麦车村。

嘎么是彝语，意为大垭口处的山。嘎么山在群山之中，独峰拔翠，巍然屹立。山体呈东北—西南走向，面积2平方千米，主峰海拔2416米，为镇雄县海拔制高点。岩层是古生代二叠系上统,岩性属碳质页岩夹煤层,南露石灰岩,北藏黄沙石。山北有两条小溪,一条为麦车河,另一条为注入山腰的犀牛塘。植被主要为灌木、橡子树、草地,有少量建材林。山上野生药材种类繁多,盛产天麻、黄连、当归等多种药材。山的北麓产煤,储量丰富。

彝良大黑山

大黑山位于彝良县树林彝族苗族乡北部,地跨树林彝族苗族乡与海子镇,因远望青山如黛,故得名。为乌蒙山北部山地,主峰海拔2689米,为彝良县第二高峰(仅次于毛坪境内海拔2780米的石人坪子),一般海拔2400米。大黑山山体面积15平方千米,山体呈东北—西南走向,东止三根桥,南到唐家沟,西迄海子镇,北达洋芋山。

大黑山气候冷凉,冬、春积雪。山体主要由志留系紫红色碎屑岩和泥质碳酸盐岩组成,为喀斯特化山地。山顶平坦荒芜,森林大多属灌木林,其次是松、杉,牧草丰富。山中药材丰富,有天麻、泡参、南星、半夏、野百合等多种中草药材。山顶有长1000余米、宽500余米的草场,草场中有一"天池",又名"天鹅湖"。汉族、彝族、苗族、回族等多个民族绕山而居,形成多姿多彩的民族文化(见图1-28)。

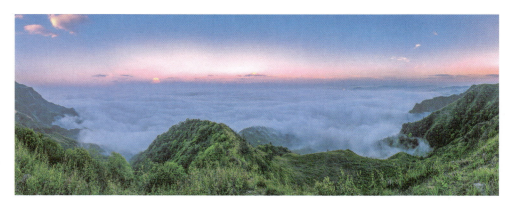

图1-28 彝良大黑山云海(赵昱 摄)

第一章 自然地理

凉风台

昭通坝子是一个群山环绕的大型山间盆地,坝子外围最高峰就是箐门凉风台,位于昭阳区东北部北闸街道箐门村东缘,主峰海拔为3152米,与盆地相对高差约1200米,面积9平方千米,峰顶有标志性建筑——昭通电视台信号发射塔(见图1-29)。

图 1-29　凉风台山顶(邓敏 摄)

箐门凉风台属乌蒙山系凉风台梁子,因山高风凉而得名。峰顶相比坝区全年气温较低,风大。加里东运动发生的褶皱抬升,使山体高大,地貌陡峻。山体走向与构造线一致,呈西南—东北走向。岩层由二叠系下统灰岩、砂岩、页岩夹薄煤层组成。植被主要为高山灌木林,其中以高山栎和高山杜鹃为主。有丰富的无烟煤矿。

牛栏江峡谷

牛栏江是长江上游金沙江段的一大支流,发源于昆明市官渡区小哨村,在鲁甸江底一个名为"老熊洞"的地方进入鲁甸县境内,然后从南到西再径直往北,全长101千米,成为鲁甸县同会泽县、巧家县的行政区划分界线,并在此间形成了著名的牛栏江峡谷。

牛栏江峡高谷深，山势陡峻，江岸山岭平均高差近 2000 米，江流曲折，两岸沟壑纵横，峰岭绵延。平缓处，江滩宽阔，水流缓慢；陡峻处，江面狭窄，江水湍急。峡谷地貌特征奇特：沿岸的山岭分 3 个层次重叠，最下面一层是陡峭的斜坡，中间一层是垂直的悬崖，最上面一层又是倾斜的大山，于是两岸合在一起就将峡谷拼成下部"V"字形、中部方形、上部倒"八"字形的美妙曲线。有人将牛栏江峡谷称作"最神奇的东方峡谷"（见图 1-30）。

图 1-30　牛栏江大峡谷（周迎春 摄）

关河大峡谷

关河大峡谷地处五莲峰与乌蒙山之间，是金沙江一级支流横江中下段的大峡谷。因横江中游流经大关、盐津段称"关河"，峡谷依河得名。

关河大峡谷坐落于滇东北高原北部的永善、大关、盐津、水富 4 县（市）境内。自关河上源洒渔河中段的滥水岩瀑布起，到水富市南部止，长逾 200 千米，宽 80～200 米，最窄处为青龙洞、云台山、豆沙关等河段，宽度仅 60～80 米。两岸多悬崖峭壁，层层叠起，相对高差为 700～1200 米。两侧山地大都由古生代石灰岩、玄武岩及砂页岩构成。至盐津县普洱镇以南，进入中生代紫红色岩系分布范围，谷形渐宽、水势趋缓。

峡谷东岸有一处地貌地势险要，形如牌坊，路居中通过，故成一门，俗称"栅子门"，"栅子"是当地对峡谷地貌的一种形容。大关县之"大关"二字的定名，其说法之一就是根据栅子门地形险要而取之。按云南省档案馆《伪民政厅各县县名更改》案卷记载："栅子门因其关锁之故，控狭之易也，乃定名大关。"栅子门滤水岩上，有怀远将军刘昆进剿乌蒙一带，巧用羊子阵夜破此关的题记，谓之灵官崖石刻，这是云南总督鄂尔泰在云南推行"改土归流"的佐证。如今，当地人更多称此区域为"灵官岩"，栅子门的叫法反而被弱化。此峡谷古时为"五尺道"要道，也是古战场遗址，如今已成为交通要塞（见图 1-31）。

图 1-31 关河大峡谷（宋大明 摄）

洛泽河大峡谷

与关河大峡谷一样，洛泽河大峡谷也是金沙江支流横江上的峡谷，地处彝良县南境。因所属地带为横江支流洛泽河段,故得名。洛泽河源于贵州威宁县境,据《清史稿·地理志·贵州研究》记载:"洛泽河出州西北,合数小水东北流,亦入(云南)恩安。"

峡谷范围南起滇、黔交界的格闹河,北至洛泽河镇的猫猫山,地势南高北低,呈东南—西北走向,长26千米,深300~400米,谷底宽近40米,发育在石炭—二叠系的石灰岩为主构成的群山之间。此峡谷属强侵蚀中高山峡谷地貌,地壳上升,洛泽河剧烈下切,相对高差达1500多米,两岸多悬崖峭壁,地形陡峻,呈嶂谷状。区域内喀斯特地貌十分发育,河谷横断面呈"V"字形或"U"字形缓谷,平均坡度在35°以上,斜坡上有大小不等的台地。洛泽河由谷底通过,水流急,多险滩,是漂流的好地方。

洛泽河大峡谷拥有丰富的煤炭和铅锌优势资源,是昭通市以煤炭、铅锌为主的工业基地之一,也是彝良县工业旅游区,有锅圈岩坡地上的陇氏庄园、猫猫山上罗三老爷家的城堡遗址,两岸居住有苗、彝等少数民族,为峡谷旅游发展带来得天独厚的条件(见图1-32)。

图1-32 洛泽河大峡谷(赵昱 摄)

果哈峡

滇东北地区有一类岩溶峡谷地貌景观，如果哈峡，集山、水、石于一体，并具有奇、险、雄、峻、秀、幽等特征，充分展现出典型的岩溶地质遗迹景观，风景独特，极具游览观赏价值。

果哈峡，又名"小三峡"，彝语为"红叶映照的峡谷"，是"鸡鸣三省"大峡谷的一个重要组成部分，位于赤水河源头，即云、贵、川三省接合部之云南省昭通市威信、镇雄两县交界处，是赤水河流域滇东北段的出境地。果哈峡全长逾5000米，最深可达24米，峡谷口有一块大的礁石将赤水河一分为二。峡口以下，河床地势较为宽阔，河水流速平缓，当地人仍称之为"赤水河"，峡口以上则称之为"果哈峡"（见图1-33）。

图1-33　果哈峡（宋大明　摄）

果哈峡以河流和岩溶地貌紧密结合，在流水侵蚀、溶蚀和岩体崩塌三大外力与区域内碳酸岩地层、岩层产状、构造、岩性展布、水文要素和新构造运动等要素综合作用下，形成了独特地貌单元的地质遗迹景观。在新构造运动作用下，地壳不断抬升，赤水河又不断下切侵蚀，从而形成了果哈峡的三层岩地貌景观。其形态可分为平面形态和横截面形态两种：平面形态以上游较宽、下游较窄的喇叭状为主；横截面形态类型多样，有箱形、"U"字形、地缝式。峡谷两岸绝壁万仞、斧劈刀削、崖壁连绵，呈层叠状，河流蜿蜒曲折穿行其间，河中有鱼类20多种，属于长江上游珍稀特种鱼类自然保护区。果哈峡具有较高的美学观赏价值和科考价值。

鸡公山大峡谷

鸡公山大峡谷，三面绝壁，因山体状若鸡头而得名，主峰与牛栏江谷底高差达2600米，是中国境内最深的玄武岩绝壁峡谷。鸡公山大峡谷位于昭通大山包国家级自然保护区西南部，与滇东北最高峰巧家药山遥相呼应。

鸡公山大峡谷处于山顶夷平面（玄武岩台地）向牛栏江地貌单元急剧转折的陡降部位。中更新世，喜马拉雅山造山运动使印度板块与亚欧板块遭受强烈碰撞，本区大山包高原面在青藏高原抬升的同时也剧烈差异性抬升和隆起，西凉山绵延至本区西部出现断层，地形下陷，加上西南部边缘地区受牛栏江的强烈下切侵蚀，因此，在差异性隆升背景下，经流水侵蚀、重力作用而形成了此条"V"字形大峡谷。

鸡公山大峡谷山顶夷平面由峨眉山玄武岩构成，边缘受流水侵蚀、重力作用影响，山地分割强烈，地表十分零乱破碎，面积较小，地势起伏较大，陡崖、陡坡、峡谷发育陡险。谷底呈阶梯状，比降大，江水湍急，多裂点、跌水和瀑布，河床组成物质以基岩、巨砾为主。大自然的鬼斧神工造就了鸡公山大峡谷的雄、奇、险、峻以及鸡公山的云卷云舒，此情此景与大山包亚高山草甸浑然天成，令人惊骇（见图1-34、图1-35）。

第一章 自然地理

图1-34 大山包山地气候（宋大明 摄）

图1-35 鸡公山大峡谷（宋大明 摄）

矿产资源多样

滇东北高原地质构造复杂，构造活动剧烈频繁，是一个多时期、多阶段成矿并受诸因素控制，以及多方向构造交织复合在一起的地区。此区成矿地层多，成矿条件优越，矿产资源丰富，品种全，因而在清代时期就有"搬不完的昭通，填不满的叙府"之说。

昭通已知矿产资源有 33 种，现已探明储量 22 种。尤以燃料矿产、化工原料非金属矿产及有色金属矿产开发前景广阔。煤、硫储量居云南省首位：昭通盆地褐煤储量达 84.45 亿吨，为中国南方第二大褐煤田；硫铁矿储量丰富，为中国五大矿区之一。

昭通的矿产资源的地理分区严格受地质构造的控制，大致分布在小江断裂带以东、会泽矿山厂雨碌以北，北、西两面紧邻金沙江下游下段。区域内又以北西向的朝天马大断裂（水城—镇雄—盐津—桧溪一线）为界，可进一步分成两个次级构造单元。东北部水富、镇雄属四川台坳，西南部昭鲁区属上扬子准地台褶带。前者是准地台中一个相对稳定的地带，形成无烟煤、硫铁矿等含矿地层；后者是准地台中古生代时的一个相对坳陷区，地层齐全，有巨厚褐煤堆积。金沙江两岸有铅、锌、磷矿及建材原料，少量铝土矿等。东部、中部、西部地质构造各异，矿产资源的种类及分布规律也各不相同。

嘎苏垭口

在《辞源》里，"垭口"的解释是两山间的狭窄地方，即连接山梁的一块平坦且相对较低的位置，也可以说是高大山脊上呈马鞍状的明显下凹处。垭口是高原上常见的地理实体。因在两山之间地势较低的位置，垭口一般风都会特别大，也常为高山大岭的交通要道。

燕山运动使地壳因为受到强有力的挤压而褶皱隆起，在滇、黔交界处形成一系列绵亘的山脉，如嘎苏山、马鬃岭梁子、雷打马梁子等，两山之间地势较低处则形成垭口。嘎苏垭口则是其中的一个，分布在镇雄县以古镇麦车村南，有山名"嘎苏"（彝语，意为"嘎苏家地盘"），垭口依山得名，海拔 2234 米，相对高度 132 米，四周多为荒坡，有少量耕地，另有灌木林和零星用材林。产天麻、龙胆草等中草药。

昭鲁坝

昭鲁坝是滇东北最大的坝子，在昭通市域南部，地处金沙江支流洒渔河的上游地段，地跨昭阳区和鲁甸县，由鲁甸坝和昭通坝组成。昭通坝呈葫芦形，面积524.76平方千米，居云南省第四位。整个坝子呈北东—南西走向，东南高西北低，向北倾斜，四面环山，边缘分布着许多低丘，低丘上有较大面积的荒地。坝区海拔1850～2100米，平均海拔1907米。

昭鲁坝是金沙江与珠江分水岭上的一个大型断陷湖盆坝，主要由断层陷落和喀斯特共同作用形成，曾有过成湖阶段。第三纪中后期，新构造运动使地壳不等量抬升，坝底部分相对下陷成湖，地层东部较老，为泥盆纪与二叠系等地层，西北部为二叠系和少量三叠系地层。岩石以碳酸盐岩为主，坝中部为第三系、第四系河湖相沉积，坝底部沉积了大量褐煤层及部分河湖相堆积物，坝子两侧上升部分形成山地，分别为五莲峰与乌蒙山的延伸部分，坝子西侧受洒渔河支流昭鲁河切割较深，其他地方切割较浅。因此，从类型上分析，昭鲁坝属于原上型高坝，从成因上分析，又属于断陷坝和断陷河湖坝（见图1-36）。

图1-36 昭鲁坝（宋大明 摄）

昭鲁坝地势偏高，属云南省内的高纬地区，加上北部无高大山脉阻挡，区内常常受冷空气与寒潮的影响，气温较低，阴冷潮湿，属暖温带气候，年平均气温 11.6 ℃，年降水量 735.7 毫米。坝内地面平坦，土壤为冲积土，以红壤、黄壤为主，耕地面积大，农业属高坝型农业，以农牧业为主，农作物以水稻、玉米、马铃薯、豆类及烤烟、油菜为主，是云南省优质苹果产区，也是滇东北经济较为发达和人口较为密集的区域。

巧家坝

巧家坝位于巧家县西部、金沙江东岸、药山西麓，因在巧家县境内，故得名。巧家坝又称"库着坝子""米粮坝"，南北狭长，面积 36 平方千米，由金沙江的河谷平原及阶地组成，为断陷河谷坝。地势自东侧山地向西倾斜，海拔 630～840 米，为金沙江干热河谷盆地。

巧家坝区气候炎热，属南亚热带气候类型，年平均气温 21.2 ℃，最冷月平均气温 12 ℃，最热月平均气温 27.3 ℃，为云南著名的干热河谷盆地之一。这里的土壤为水稻土、燥红土、红壤。气温条件适合种植双季稻，主要农作物有水稻、玉米、花生、薯类、豆类及甘蔗。产香蕉、西瓜、芒果、葡萄、石榴、柑、橘等多种水果。但随着白鹤滩水电站的修建，巧家坝部分地方将被淹没。

芒部坝

芒部坝，其名"芒部"源自古代一位彝族首领的名字。坐落于镇雄县芒部镇，属岩溶坝，面积 18 平方千米。地势由西北向东南倾斜，东南部海拔 700 米，西北部海拔 1620 米。地层为新生代第四系黏土泥岩、泥灰岩、砂质泥岩、砾石夹褐煤层，所发育的土壤为黄壤、石灰土。

芒部坝气候一年中多数时间受昆明准静止锋控制，"四时偏寒"，雨多雾大且浓。主产玉米、水稻、小麦、马铃薯及烤烟，特产有木漆、天麻，名产五加皮被誉为"鸣钟五加皮"（在芒部鸣钟，传说长在听得到钟声处的药效佳，长在听不到钟声处的药效差）。芒部坝历史悠久，是镇雄县历史上开发最早的地方，也是镇雄土司的发源地（见图 1-37）。

图 1-37　古芒部石刻（邱锋 摄）

龙树坝

龙树坝是鲁甸龙树境内的一个坝子，面积53.2平方千米，海拔2180米，属于高山坝子，有汉、回、彝、苗4个民族在此定居。

龙树（传说境内有树似龙爪，且树下出清泉，故得名）境内的山梁均系南北走向。西部群峰平均海拔2800米，由北向南逐渐降低，统称"照壁梁子"；东部诸山统称"阿噜伯梁子"，平均海拔2600米。东、西部群山分别沿东西方向海拔逐降，在中部构成一个南北走向的条形山间盆地，即为龙树坝。龙树河由南向北从坝子中部经过，于东北角出境汇入洒渔河。坝区年平均气温10.9℃，年日照时数1702小时，年降水量1048毫米。土壤有黄棕壤、水稻土，主产玉米、水稻、马铃薯、豆类、烤烟，经济作物主要有核桃、黄梨、苹果等（见图1-38）。

图 1-38　龙树坝（邓敏　摄）

五德天坑群

镇雄县地处云、贵、川三省接合部和云贵高原北部斜坡地带，境内喀斯特地貌发育典型，包括天坑、溶洞、石林、天生桥、塌陷溶斗、地下河等。位于镇雄县西北部的五德镇，分布有目前云南已发现的最大天坑溶洞群，这里崖壁陡峭，犹如锅底向上逐渐抬升，因此被称为"五德大锅圈"（见图 1-39、图 1-40）。

图 1-39　五德天坑群（邓敏　绘制）　图 1-40　"大锅圈"天坑人家（邱锋　摄）

五德天坑群海拔 1440 米，占地面积约 0.4 平方千米，包括 6 个大小不等的天坑，其中较大的 3 个被当地人依次称为"大锅圈"、"小锅圈"（二锅圈）和"三锅圈"。大锅圈的坑口直径近 600 米，平均深度 120 米，最深处达 150 米，四周绝壁陡峭险峻，是一个较为规则的圆周体，坑底向四周逐步抬升。小锅圈位于大锅圈东面约 1 千米处，坑口直径 500 米左右，坑深百余米，坑底平坦。有 2 个相互对望的洞穴，为旱洞和水洞，水洞中间有一潭清澈见底的湖水，被称为"阴湖"，曾为居民的水源。按走向看，这 2 个洞应该在悬崖内部首尾相连。三锅圈位于天坑群西面，距大锅圈仅有数百米远，是 3 个主要天坑中体量最小的一个，坑口直径百余米，坑底深不见底。

此天坑群是岩溶区发育的一种大型桶状漏斗地貌，因地下溶洞的顶部多次坍塌裸露出地面而成。这样的天坑对于研究我国西南地区新构造运动间歇性抬升以及区域岩溶地貌、洞穴、地下水发育演化过程具有重要的科学意义。

码口溶洞群

永善码口方圆约 10 平方千米的范围内分布着二三十个溶洞和洞穴。其中，牛郎洞深度超过 15000 米，比号称"世界第一长洞"的贵州织金洞（洞长 13000 米）还长，自然形成一个巨大无比的地下空间长廊。从洞型看，这里的溶洞与洞穴并存，水洞与旱洞交融。这样的溶洞群在中国乃至世界都实属罕见。这处溶洞群已命名的有牛郎洞、织女洞、碧溪洞、大龙洞、通天河洞、虹口洞、仙人洞、阴河洞等。码口碗箩沟 4.5 亿年千层岩奇观和码口"地下长城"奇观见图 1-41、图 1-42。

在目前已发现的 22 个溶洞中，最为神奇的当数牛郎洞和织女洞。两洞一水一旱"阴阳搭配"，南北走向，距金沙江边不足百米，面积在 15 万平方米以上。牛郎洞又名"龙宫洞"，坐北朝南，是旱洞，洞口宽、高十余米，宽可并行 2 辆大卡车。牛郎洞分为上、中、下三段：上段洞为旱穴洞，寄居着成千上万只蝙蝠，因此被人们称为"神秘的蝙蝠王国"；中段由形态各异，奇丽的钟乳石组成"森林公园"；下段为"碧潭博物馆"，由小溪串联起一个个清澈见底的碧潭。织女洞坐南朝北，为水洞，阴河之水由洞口溢出，跌入千丈绝崖。洞宽六七米，高十几米，洞深 7000 米以上。与牛郎洞不同的是，此洞有一股粗大的泉水轰隆隆伴洞而行。两侧洞壁完全是由一层又一层的巨大石板堆砌而成。

经考察，牛郎洞和织女洞原为一洞，经东西流向的碗箩沟急流长年冲刷，将洞拦腰切断，从此便一分为二，形成了今天的牛郎洞和织女洞。

图 1-41　码口碗箩沟 4.5 亿年千层岩奇观（宋大明　摄）

图 1-42　码口"地下长城"奇观（宋大明　摄）

天台山溶洞

天台山溶洞又称"宝灵洞",位于威信县麟凤镇毕坝老鹰岩上,为目前已发现的云南最长的溶洞,被誉为"云南西南第一洞"。溶洞形成距今约2.8亿年,地层为下二叠系栖霞组与茅口组灰岩,山洞临山面水,洞口位于一座小山山腰上,距洞200米处有一条小河。溶洞4层,每层之间高差20～50米,互相贯通,各有厅堂,形成洞中有洞、洞中有山、洞中有泉、洞中有林、洞中有天的格局。

溶洞的上三层为天然彩色石洞,上层淡红色,下层淡绿色,中层淡黄色。洞内次生碳酸钙沉积物类型繁多,色彩绚丽,形态各异,单体、复合体共生,黄色、淡黄色、白色或无色透明石钟乳、石笋、石柱、石幔等异彩纷呈,多以站立式、侧挂式、悬垂式分布。其中,第二层洞长2138.2米,洞最高逾80米;主洞长1264.1米,支洞长874.1米,12个厅堂总面积61095平方米。洞内溪流淙淙,滴水声叮咚作响(见图1-43)。

图1-43 天台山溶洞(郑方星 摄)

青龙洞

青龙洞,又叫"山海洞",位于大关县城西南上高桥回族彝族苗族乡。青龙洞洞体高大,是一个串珠式多层充水型喀斯特溶洞群,分水洞、旱洞2个部分。

下层入口为水洞,由方解石结晶组成,幽深黑暗,水面长度约500米,水深3～8米,宽处有10余米,最窄处仅1～2米,水面与洞顶的平均高度可达25米以上。洞内光线全无。上层为旱洞,高出水面1～12米,分为左、右2个。左旱洞为一支洞,无尽头;右旱洞发育较好,钟乳石林立,形状各异,二者相互连通原青龙洞洞口、大关山海洞见图1-44、图1-45。

图1-44 原青龙洞洞口(宋大明 摄)　　图1-45 大关山海洞(宋大明 摄)

梭山黑石大溶洞

喀斯特高原区,溶洞和喀斯特地貌分布较广。梭山黑石大溶洞就是其中的一处,位于鲁甸县梭山镇和水磨镇交界处险峻的山腰,洞口隐蔽于大箐片区幽深沟谷的八度陡坡正中,距离谷底约2千米(见图1-46)。

黑石大溶洞在西南片区溶洞中实属罕见,溶洞空间规模宏大,有可容万人的宽阔大厅,现已探明洞中分为4个大厅。洞中钟乳石成林,石帘如瀑,石锋悬挂,石笋与廊柱错落有致,石钟乳、石笋千姿百态,保存较好(见图1-47)。

梭山黑石大溶洞内因不断崩塌和堆积,地下到处可见巨大的坠落物,在其上又附满了新结成的石笋和石柱,这种大面积的洞顶塌落也因此形成溶洞的分层。典型特色就是岔洞多,石壁滑,暗坑和竖洞多。迄今为止,仍未有人真正探知其尽头。

第一章 自然地理

图 1-46　梭山黑石大溶洞洞口（周迎春 摄）

图 1-47　梭山黑石大溶洞千姿百态石钟乳（周迎春 摄）

躲军洞

躲军洞地处云、贵交界处镇雄县中屯镇翟底河西岸，南距镇雄县城 20 千米。躲军洞又名"玉带天宫"，因洞内流水如玉带，绕右岸崖壁上的躲军洞蜿蜒流过，直下七星关而得名。

关于躲军洞的由来，《云南省镇雄县地名志》记载："传说一王姓自立为王，被迫剿，统军躲入洞内得名。"《镇雄县志》又云："咸丰年间，兵荒马乱，有不少百姓在洞中躲避，故得名躲军洞。"经史料考证，《镇雄县志》所记较

· 69 ·

为确切。

躲军洞属典型的喀斯特溶洞,岩溶地貌发育。有上、下2个洞口,从上洞口进,迎面壁立陡峻,沿右侧石壁行,有一平行走道,宽丈余,高数丈,穹顶,有钟乳石悬垂,石笋丛生,石柱林立。洞底的地下水因二氧化碳散逸,碳酸钙沉淀,形成纵横有致的边石堤,犹如千百丘田地,习称"千丘田"。洞内曲折幽深,洞中有洞,有暗河伏流,景中成景,奇峰异石,相辅相成。

猪洞奇石

我国很多地方洞穴的名字都与栖息在那里的动物有关,如蝙蝠洞、燕子洞等。然而,在盐津县豆沙古镇的关河南岸一处陡峭的崖壁上,掩藏着一个奇特的洞窟——猪洞。其右下方有一犀牛洞,右上方为悬棺所在。在猪洞里有一块像猪头的巨石,此洞故而得名。最为神奇的是,猪洞里的这块猪头石不时会在洞口来回移动。

据考察,猪洞奇石的形成和移动与该区域的气候、水文及地质构造有关。豆沙古镇位于四川盆地向云贵高原的过渡地带,气候属亚热带季风性湿润气候,流水侵蚀强烈,又位于马边—大关地震带和小江断裂带的交汇点,这两个地震带并非强震带,但常有小震不断的现象。上面的岩石从母岩上掉落洞口后,经过长期的风化和流水作用,形成外形酷似一个侧卧的猪头。地震震级小也没有导致猪头石从洞口掉入关河,但地震产生的能量可推动猪头石向外移动。考察发现,1932年、2006年猪头石的外移都与地震有关。

第五节 江河瀑泉

金沙江

金沙江处于长江的上游河段,是云南省第一大河。因产"金沙",历史上曾沿江取沙淘金且江沙呈黄色，故得名。它是川、滇两省界河，在云南一侧分属昆明和昭通。在本区，金沙江从会泽、东川流入巧家蒙姑镇小河口（小江与金沙江交汇处），进入昭通市境，沿境内西部向北流经巧家、昭阳、永善，至绥江南岸镇折东沿北部边缘流至水富与横江汇流后进入四川省境，为昭通与四川凉山州、宜宾界河（见图1-48）。

图1-48　金沙江永善码口姜家田坝的金江古河床（宋大明　摄）

金沙江全长2300多千米，本境内河流长548千米，为金沙江下游，平均比降为9.3‰，江面最宽150米，最窄70米，年均流量4640立方米每秒，主要支流有横江、牛栏江等。河内水产丰富，有鲶鱼、鲤鱼、鲢鱼、中华鲟、岩鲤、大鲵（娃娃鱼）等。

金沙江流域径流丰富，流急滩险，有白鹤滩峡谷、溪洛渡峡谷，著名险滩有湾湾滩，落差大且集中，天然落差达5100米，占长江干流落差的95%，水能

资源蕴藏量达 $1.124×10^8$ 千瓦。金沙江下游攀枝花市至宜宾市有 4 座梯级水电站，自上而下依次是乌东德水电站、白鹤滩水电站、溪洛渡水电站、向家坝水电站。除乌东德水电站外，其余 3 座水电站均在滇东北境内。四大电站总装机容量相当于三峡工程的 2 倍，除发电外，还具有防洪、通航、拦沙、灌溉等综合效益，是我国最大的水电基地，是"西电东送"的主力，也是西部开发战略的重要组成部分。

横江

横江为金沙江下游右岸支流，同时也是金沙江最后一条支流。《水经注》中称其为"羊官水"，流域横跨川、滇、黔三省。

横江的源头有西源和东南源两处：西源出自五莲峰南段、鲁甸县东南部水磨镇的猫猫山，沿五莲峰自南向北流，上游在鲁甸县境内称"龙树河"，在昭阳区境内称"洒渔河"，向东流至大关县寿山镇岔河汇合东南源；东南源出自贵州威宁的乌蒙山北麓，北流至云南彝良县境内称"洛泽河"，至大关县寿山镇岔河与西源汇合（见图1-49）。其在大关县、盐津县境内称"关河"。在盐津县滩头以下为水富市、盐津县和四川省的界河，自两碗镇成凤村流入水富市境内，始称"横江"。在水富市东北部的中嘴注入金沙江，流程41千米。江面宽80～100米，径流总量为92.4亿立方米。遵循源远流长的原理，人们多认为西源是其正源。西源总长307千米，流域面积14980平方千米，多年平均流量291.6

图1-49 横江岔河段（宋大明 摄）

立方米每秒。自然落差达 2079 米，平均比降 7.9‰。主要支流有大关河、洛泽河、白水江（又名"牛街河"）等。

横江流域地形复杂，暴雨洪水频繁，是云南省山洪灾害高发区。上游发源于山地，流域内多山地、丘陵，林木茂密，河道形回曲折，呈不规则河形，支流众多，水系发育全面。河槽深窄，比降大，水流急，水资源丰富。中游段主要流经昭鲁坝子、洒渔坝子和靖安坝子，耕地和人口集中，经济发达，是昭通市粮食和经济作物主产区。下段流出昭鲁坝区，河流又在高山峡谷中穿行，切割较深，耕地分散且田高水低，大多从河道引水灌溉。流域内水力资源丰富，理论蕴藏量 92 万千瓦，占全水系的 59.5%。

赤水河源

赤水河，是长江上游南岸的一级重要支流。秦汉时称"鳛水"，因其流域为南夷君长之一的鳛部治邑而得名。后汉至两晋，称"大涉水"，取跋涉之义。《中国古今地名大辞典》谓"每雨涨水，色深赤"，即因河流含沙量高、水色赤黄而得名赤虺河，"虺"指毒蛇，意指浑赤的河水中处处有毒蛇出没，但实际上是描写赤水河水流湍急，有惊涛雷吼之势。明洪武十五年（1382），在今四川叙永县置赤水卫，改"赤虺"为"赤水"。

赤水河发源于镇雄县西北豆戛寨山箐，由西南流向西北，流域跨云南的镇雄、威信，贵州的毕节、仁怀、赤水，四川的叙永、合江等 3 省 13 个县（市、区），流域面积 2.04 万平方千米，最后流经贵州赤水至四川合江汇入长江，全长约 524 千米，为川、滇、黔三省界河。在本区为河源段，境内河段长 95 千米，镇雄县境流域面积 1420.6 平方千米，威信县境流域面积 482.8 平方千米，宽 50～100 米，最深 7.8 米。沿途依次有锅厂河、板桥河、倮倘河、鱼洞河、罗甸河、香坝河等称谓，流至仓上大河，左纳扎西河，到簸箕两岔河，右纳铜车河，称"赤水河"，最后经"鸡鸣三省"出境，现整个河段皆称"赤水河"（见图 1-50）。

图 1-50 赤水河源（柴俊峰 摄）

赤水河流域地势西南高而东北低，最上段处于云贵高原向四川盆地倾斜的斜坡面。流域内以古生代地层为主，出露地层有震旦系、寒武系、奥陶系、志留系、二叠系、三叠系、侏罗系、白垩系地层等。两岸石灰岩分布广，夹有页岩、砂岩、泥岩、砾石和煤系分布，悬崖峭壁，多急流险滩。其流域四分之三流经喀斯特地貌的大山之中，造就其几出几伏，只闻水声不见其影的伏流奇观（见图 1-51）。

赤水河源受昆明准静止锋影响时间长，除河谷 1100 米以下属北亚热带气候外，其余大部分地区为暖温带季风气候，四季分明，春迟、夏短、秋早、冬长。上游高原区年降雨 900～1000 毫米。赤水河是我国南方远古民族的发祥地之一，以农业生产为主。农作物以玉米为主，次为水稻、烤烟、柑橘等，尤以夏橙著名。

图 1-51 倮倘落水洞（柴俊峰 摄）

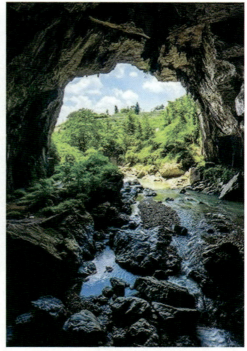

续图 1-51

赤水河是一条英雄河，红军"四渡赤水"在这里也留下了许多感人的故事（见图 1-52）；赤水河是中国唯一没有被污染的长江支流，河水清澈见底；赤水河是一条美酒河，酝酿有茅台、潭酒、习酒、郎酒、董酒、泸州老窖等数十种蜚声中外的美酒，赤水河不出百里必有好酒。

图 1-52 赤水河流域河坝红军渡（符云昆 摄）

洛泽河

洛泽河为金沙江水系横江一级支流关河右岸支流，上游又名"白水江""白水河"。洛泽，彝语称"倮抽"，意为石头或水能把石头冲走的河。洛泽河发源于贵州威宁草海北侧山地，其北流过石门，从彝良县洛泽河镇龙街苗族彝族乡的罗家坪子进入昭通境内，经岔河汇入关河。

洛泽河全长 156 千米，流域面积 4268 千米。多年平均流量为 54.89 立方米每秒。自然落差达 1509 米，平均比降 9.6‰。水能资源丰富，干流理论总蕴藏量为 46.85 万千瓦。

洛泽河为湖源河流，流域内多中、低山，形成南部高、北部低的高原峡谷地势地形。流域内广泛分布着泥岩、灰岩地层，形成局部以溶蚀洼地为主的岩溶地貌，区域内以山区雨水补给为主，植被覆盖率在 30% 左右，少有不出现旱灾的年份。但本区水土流失量相对较小，水质清澈，水源丰富。河内主要有鲢鱼、鲤鱼、鲫鱼、细鳞鱼、鳖、刺鲃等水产。主要支流有格闹河、龙潭河、角奎小河等。洛泽

第一章 自然地理

河流域矿产资源丰富，促进了彝良县域工业经济的发展，洛泽河镇毛坪铅锌矿区是彝良县最大的铅锌矿山和唯一的国有矿山企业。

冷水河

冷水河位于昭阳区洒渔镇，因水温较低而得名。源于永善县茂林镇，由北向南流经洒渔镇新海、弓河等地，至巡龙湾注入洒渔河。全长30千米，河床均宽6米，流域面积365平方千米。

冷水河主要流经昭鲁坝区，沿河两岸地势平缓，北岸山地有黑石罗、碉梁子，南岸山地有老营梁子、跳鱼岩、白毛草地，河岸有几百株巨大的垂柳，水流清澈，水量不大。随着冷水河上黑石罗水库正式下闸蓄水，昭通市第二大中型水库正式运行，可解决昭阳区洒渔、靖安、青岗岭、苏甲、旧圃，以及大关县上高桥和永善县茂林等乡镇人畜饮水和农田灌溉用水，对区域经济发展起到重要的保障作用。

牛栏江

牛栏江为金沙江右岸较大的一级支流。亦称"车洪江""牛栏河""涂水"，《汉书》称"堂琅江"。关于江名的由来，有两种说法：一是因明代在河上建桥时，曾置一铜牛在桥墩间，故得名；二是在两江交汇处有一天然巨石露出水面，形状似牛，横眠其江，故得名（见图1-53）。

牛栏江发源于云南嵩明县东南杨林海，称"寻川河"；东北流经马龙、寻甸、沾益等，出寻甸七星桥称"车洪江"；又北经宣威、会泽，至黔、滇交界处称"牛栏江"，至贵州威宁后在江底一个名为"老熊洞"的地方复入云南鲁甸、巧家、昭阳，于麻壕注入金沙江。进入本区后成为鲁甸县与会泽县、鲁甸县与巧家县、巧家县与昭阳区的行政区划分界线。

牛栏江全长461千米，流域面积13139平方千米，其中昭通市内2102平方千米，多年均流量162立方米每秒，自然落差达1660米，平均比降6.5‰。主要支流有马过河、硝厂河和小寨河。

图 1-53 牛栏江流域（符云昆 摄）

牛栏江的中下段与本区有关。上段曲靖市境内多流经坝区，中下段河段受其侵蚀，形成深切峡谷，谷岭相对高差 1400～1800 米，为高中山峡谷地貌，水流急，多险滩与礁石。河流两岸为河谷区，气候炎热，产甘蔗、花生、柑橘等，平缓处可引水灌溉农田。

以礼河（巧家段）

以礼河原名"以尼河"，为金沙江右岸支流，在云南省东部边境。"以礼"，彝语称"以尼"，"以"即水，"尼"即柳树，意为"岸边生长柳树的河流"，故又称"柳树河"，是植被生态较好的河流。

以礼河发源于曲靖市会泽县待补镇的野马川东北麓，海拔 2991 米，由西南流折北流穿行会泽县的大海、待补、娜姑、老厂等乡镇，至巧家县炉房乡鲁德村入境，由东南向西北流经巧家县蒙姑、崇溪、金塘等乡镇，汇入荞麦地河后至金塘双河村汇入金沙江。以礼河全长 120.8 千米，流域面积 2576 平方千米，自然落差达 2110 米。其中巧家县境内河长 21 千米，年平均流量 15.9 立方米每秒，含沙量 2.74 千克每立方米。

以礼河在金钟村以下河段为深切河谷，水流急。流域右岸多山，支流主要多发育于河道右岸，多短小，主要有濯河、马树河、荞麦地河。沿河建有毛家村水库，有梯级开发的水电站，利用与小江间的落差进行跨流域水能开发。

荞麦地河

荞麦地河为长江上游的金沙江流域一级支流，在巧家县域中部，是巧家县内最大、最长的一条河流。因多数河段在荞麦地境内，故得名。

荞麦地河源于药山和大垴包（大红山），由北向南、转西南汇入以礼河，至双河村注入金沙江，全长64千米，河床宽15~20米，平均比降40‰，含沙量一般，流域面积572平方千米。流域内包括荞麦地、新华、金塘、中寨等乡镇的近30个村庄。荞麦地河流域属于西南岩溶地区，是典型的碳酸盐岩区域，沿河两岸岩壁陡峻，整个流域分上、中、下三段。上段为源头区，地形较开阔、滩多，河床平均比降15.2‰。中段由半箐沟汇合处至团堡，容宽底平、略缓，河床比降8.0‰，河床漏水严重，谷坡较陡，水土流失严重。下段切割深，为深切峡谷地形，两岸悬崖峭壁，河床狭窄，坡陡流急。流域内降水充沛，年平均降水1240.4毫米，年径流量3.74亿立方米，但植被太差，水土流失严重，洪水暴涨暴落，洪灾频繁。

据记载，原荞麦地集镇位于荞麦地河左岸，1928年的洪水中，巨大的洪峰夹带泥石流席卷并淹没了全部集镇，此次洪灾后，荞麦地集镇搬到荞麦地河右岸现址。荞麦地河流域工业基础薄弱、厂矿少，以建材矿山为主。

关河

关河在汉代时称"朱提江"，因流经朱提县（今昭通市境）得名。关河不仅以流经大关县境内得名，而且还因它流经大关的大小关寨和古路"五尺道"上的大小关口而取名"关河"。关河发源于五莲峰南段——鲁甸县东南部水磨镇的猫猫山（见图1-54），处于洒渔河和横江之间，流经大关县、盐津县、水富市的10多个乡镇。

图 1-54　猫猫山（邓敏　摄）

关河有别于大关河。大关河发源于大关县城南的出水洞，由南向北，与洒渔河交汇。洒渔河流至岔河并入洛泽河后，才真正称"关河"。关河河长 306 千米，平均比降 79‰，流域面积 14980 平方千米。主要支流有洒渔河、洛泽河、高桥河、白水江、小河等。

关河干流和支流都流经峡谷深山，两岸多为悬崖峭壁或陡坡。遇雨季，山洪暴发，河水猛涨，凶险异常。流域内水力资源开发利用条件很差，灌溉区域太少，山高坡陡，平地尚少，石多土薄。但流域内气候温和，属北亚热带气候。二半山区以下雨量充沛，河谷气温高，有利于农作物生长。沿河两岸适宜发展油桐、柑橘、竹子、甘蔗等经济林木。二半山区以上是木漆、茶叶、棕树、烤烟等生长的极好地带。

翟底河

翟底河，位于镇雄县境西南，又名"则底河"，因流经中屯峡谷地段翟姓村旁而得名，古代称为"苴虬河"。

《中国古今地名大辞典》及多种志书对流经镇雄的翟底河都有记载："在镇雄县城南三十里，源出六丈山箐，流经阿赫关，合纳冲河，入七星关河"。《水经注》称："延江水出犍为南广县，东至牂牁鳖县，又东屈北流。"《夜郎考》称："延江（乌江)、南广(镇雄)、鳖县(遵义),即乌江北源六冲河、东注鸭池河(乌江一段),又东北流到四川涪陵入长江。"

翟底河属长江水系右岸支流乌江水系北源,发源于贵州赫章县小结构村牯牛山箐,由西向东,折南流经麦车村至安尔洞,右纳安尔洞溪水,左纳比道角溪水,至场坝镇麻塘村称"溜沙河";至中屯镇中屯村称"翟底河"(苴蚪河),至头屯村辖境称"头屯河",于龙家屋基出境入贵州并注入乌江。在本区,翟底河全长85千米,河床狭窄,宽约20米,平常水量较小。流经区域主要的喀斯特地貌区,河床两岸多石灰岩,有部分砂岩,山地植被较好,河水清澈。

白水江

白水江是金沙江下段水系,横江右岸一级支流,因江水呈微白色,故而得名。白水江发源于贵州赫章县毛姑村附近山地,在镇雄县坪上镇进入本区,由东南流向西北,流经镇雄县的牛场、五德、罗坎及彝良县的洛旺、牛街和盐津县的庙坝、柿子等乡镇后,在两河口汇入横江。全长128千米,河道平均比降14.6‰,流域面积3710平方千米,其中本区内流域面积3236平方千米。

白水江流域属低纬度、高海拔地区,处于四川盆地向云贵高原过渡地带,地势东南高、西北低,河流方向与山脉延伸一致,从东南流向西北。白水江流域在镇雄县主要流经石灰岩层区,岩溶地貌发育典型,多石灰岩峡谷,伏流较多,地下水丰富,有几段转入地下形成伏流。进入彝良县后流经牛街镇一带为红岩丘陵谷地。因白水江深切,境内沟壑纵横、层峦叠嶂,地貌起伏变化很大,山高谷深。流域内植被较好。

昭鲁河

昭鲁河是洒渔河右岸支流,属长江流域金沙江水系。因流经昭阳区与鲁甸县,故称"昭鲁河"。昭鲁河发源于鲁甸县火德红镇鹊落村下坪子,源出后流入马鹿沟河，经砚池山东侧流入土主寺河，由西向东于茨院回族乡板板房村石牛口进入昭阳区境中部，转西北至洒渔镇大桥村流入洒渔河，最终汇入横江。全长57千米，其中昭阳区境内25.5千米，流域面积729平方千米。主要支流有桃源河、土主寺河、鲁甸河、嘟噜河。

昭鲁河流经永丰、旧圃、洒渔3个乡镇10多个行政村。昭鲁河为季节河，冬、春水量小。纵贯昭鲁坝区的火德红、文屏、桃源、茨院、永丰、旧圃、洒渔等地，在坝区内水系呈树枝状，河道弯曲，平均比降较小，只有1.15‰。流经区域是昭鲁坝区主要粮食生产基地，沿河两岸耕地面积达47平方千米，人口密集，主产玉米、水稻、薯类、豆类、烤烟、苹果等。昭鲁河是一条以防洪、灌溉农田、景观旅游为主的河流，也是区域内产水能力较弱、工农业用水较多、供需矛盾突出的河流。

近年来，昭、鲁两县区启动昭鲁河河道治理工程，尤其是实行河长制后，在践行"绿水青山就是金山银山"理念下，沿河两侧生态环境得到极大的改善，昭鲁河逐渐实现了有堤防、有绿化、有景观、有制度、有队伍、有管护的"六有"目标，实现了水清、河畅、路通、岸绿、景美目标。

双汶合秀

绥江县城面临金沙江，左为大汶溪，右为小汶溪，为双溪合抱之地，古人谓之"双汶合秀"（见图1-55）。

大汶溪是绥江县最大的河流，系金沙江的一级支流，位于绥江县中部。据《绥江县志》记载："蜀志平夷，谓水回旋城汶，故得名汶溪。"因比东侧的小汶溪大，乃称"大汶溪"。汶溪发源于大宝顶，全长39.8千米，大汶溪长7千米，河面最宽处160米，最窄处100米，流域面积392平方千米，经绥江县城入金沙江。

汶溪上源有三个：西南源在二十四岗北麓，称"石板溪"；南源在罗汉坪西麓，名"铜厂沟"，流至双河汇流；西源在莲花山东麓，流至黄龙溪与南源、西南源合流。这条溪流枯水流量0.7立方米每秒，1984年最高洪水流量1510立方米每秒。该

第一章 自然地理

图 1-55 双汶合秀·月新绥江（宋大明 摄）

流域流经高山峡谷地带，落差 980 米，可开发电站 7 座，总装机容量 10350 千瓦。

小汶溪位于华峰片区南部，发源于香炉山东麓，长 10 千米，与大汶溪相对，水量和长度都较大汶溪小，向北注入金沙江。

念湖

有人说，如果你思念一个人，就去念湖，思念会在这里汇聚成海。念湖，据说是因思念一个人而得名。它位于会泽县境西部大桥乡杨梅山河上，地处乌蒙山区中部。它原有一个颇具时代特征的名字——跃进水库，但随着念湖的名称逐渐被当地人所接受，这一明显带有时代烙印的名字逐渐淡出了人们的记忆。

念湖这个高原湖泊源自高原上古河谷，后因修建跃进水库而扩大了其水域面积。念湖海拔 2490～2900 米，库容 4417 万立方米，随山而就，依山而行，逶迤绵延十余千米，是云南高原淡水湖泊之一。周围山地有华山松、云南松。它的形成改变了当地的气候环境与资源环境，周围有面积 13.5 平方千米的湿地，是云南著名的湿地保护区之一。区域内温度适宜，湿地保护完好，因此，大批的"高原精灵"黑颈鹤被这高原海子所吸引。每年 11 月至次年 3 月，有上千只国家保护级珍禽黑颈鹤、灰鹤、斑头雁、中华秋沙鸭、赤麻鸭、金雕、黄鸭、红胸鸭等130余种水鸟飞到这里越冬,非常壮观。念湖是会泽黑颈鹤国家级自然保护区的一部分(见图1-56)。

图1-56 念湖黑颈鹤(张万高 摄)

念湖还承担着下游万亩农田灌溉和5个电站的发电供水任务,也因其宁静的水面、静寂的山峦、深深的湖水和红色的土地而成为摄影家和旅行者的天堂(见图1-57)。

图1-57 念湖风光(张广玉 摄)

者海湖

者海湖位于会泽县者海镇西南部,牛栏江右岸,系内陆淡水湖。呈不规则湖型,湖面海拔2036米,面积70.36平方千米。《东川府志》记载:湖边水草茂盛,一家者姓大户在此放牧,称"者家海"。者海湖之名由此而来。

者海既是坝子的称谓,也是湖泊的称谓,即它可称为"者海坝子""者海湖",而当地人则统称"者海"。者海是高原面上断陷溶蚀盆地,属冲积和湖积类型。者海坝内地形平坦,者海居者海坝中部,是高原小盆地残余洼地,周围降水汇积、储存而形成湖泊。

者海湖面积随季节而伸缩,加上围海造田、人为排水和自然泥沙淤积,湖面不断缩小,近干涸。者海湖原有水域面积18.18平方千米,现有水域面积约2平方千米,水深7.2米,湖周形成大片沼泽,水越来越少。湖水来源主要为石头河、钢铁河,无泄水口,湖滨水草茂盛,气候温和。原湖内盛产鱼类,因工业废水污染,现已绝迹。

黄连河瀑布群

黄连河瀑布群位于大关县城东南部的苗族村寨。在长不过10千米,方圆5平方千米的范围内就集中有大小瀑布近50个,落差大于10米的就有10多个。其中,落差最大的瀑布是情郎瀑,瀑水分三级跌落,总落差147米,瀑宽3米。每个瀑布形态各异,各呈奇姿,或气势磅礴,或飘逸娟秀,实属罕见的瀑布群奇观,其河水主要来源于1987年完成的人工修筑的"出水渠",依山而下形成众多相连的瀑布(见图1-58、图1-59)。

黄连河瀑布群主要有对歌瀑、双瀑迎客、团圆瀑、珠帘瀑、水上大舞台、水帘长廊、月老瀑、鸳鸯瀑、情郎瀑、少女瀑、大滑板以及神秘莫测的白象洞等。大滑板是指一溪沟中有一块向南倾斜的岩石面,平整、光滑,溪水流向一致,其岩石长约30米,宽约16米,溪水3～5厘米深,清澈晶莹漫流于岩石板面上。岩板下方是潭,潭边为沙滩,四周植被茂密。水帘长廊,是由瀑布、瀑下长廊

图 1-58　大关黄连河瀑布群　　　　图 1-59　大关黄连河鸳鸯瀑
　　　（宋大明　摄）　　　　　　　　　（周元江　摄）

和清波碧潭组成，瀑宽约 60 米，落差 20 米。瀑布下面，长廊呈圆弧状，由近水平的巨厚层泥质砂岩、泥质灰岩间的软弱碳质泥页岩夹层经长期风化、冲刷、掏空而形成。

　　黄连河瀑布群名称的源自当地苗家人传说。相传，一对苗家青年男女为拯救被干旱折磨的乡亲，用生命换来了黄连河的青山绿水，为纪念这对苗家青年，人们根据他们相识、相爱的生活经历，为每个瀑布进行了命名。

漤水岩瀑布

　　漤水岩又名"狮子岩"，位于药山西部，巧家县茂租镇拖姑村东部，金沙江南岸山岩处。漤水岩瀑布是由陆家原始森林内油房沟清泉水和花椒湾海子河汇合进入茂租沟，再由南向北跌入金沙江而形成。漤水岩瀑布瀑高 400 米，宽 2～3

米。洪水暴发时，水流奔泻而下，水势凶猛，吼声轰鸣震天，瀑布高大，气势甚为壮观。

潷水岩瀑布为多叠瀑布。上叠瀑高约 100 米，瀑水直冲台阶，又再往下喷散呈几十米宽、长 300 多米的大白飘带飘出；二叠瀑枯水季节宽 15～20 米，洪峰期间宽 30～40 米，瀑高 300 米左右，如大白飘带奔流而下。瀑布下方是一方潭洞，面积达 400 平方米，因长年侵蚀冲刷，岩瀑下已形成几十米深的深潭，四周长着各种水生植物及多种药用植物。

墨翰瀑布群

墨翰瀑布群位于永善县墨翰乡的荆坪村。这里水资源丰富，加上群山起伏，峰峦叠嶂，树林葱茏，为瀑布群的形成创造了得天独厚的条件。

墨翰瀑布群较为奇特和壮观的瀑布有彩虹瀑布、柏林瀑布和黑岩瀑布。彩虹瀑布落差高达 100 米，宽 5～6 米，瀑布从百丈悬崖倾泻而下，凌空飞舞，气势蔚为壮观。晴天，瀑布凌空落下，溅起阵阵白雾，在阳光的照射下形成道道彩虹，奇妙无比，因此得名"彩虹瀑布"。柏林瀑布和黑岩瀑布位于彩虹瀑布旁 1 千米处，气势壮观，远看如同飘动的白绸。

西部大峡谷温泉

西部大峡谷温泉位于水富市境内金沙江畔龙苍岩与玛瑙山之间。平均水温 82 ℃，日出水量 8000 立方米。泉水中富含有益人体健康的偏硅酸，以及硫、锂、氡、铜、锶等多种微量元素。1978 年，云南省石油勘探队在新滩坝地下 2380 米处发现这股温泉。1999 年，万泰集团投资对温泉进行旅游开发，定名"新滩坝温泉"。2001 年更名为"西部大峡谷温泉"。2004 年，因向家坝水电站修建，启动大峡谷温泉还建工程，迁至马脑村坝尾槽（温泉社区）。

西部大峡谷为温泉岩溶承压水，温泉井地面高程为 296 米。区域内泉水出露区表部岩层为河流第四系堆积卵石层，向下依次为三叠系上统须家河组砂岩，中三叠统雷口坡砂页岩、嘉陵江灰岩、飞仙关组粉砂岩、二叠系乐平组砂页岩、峨眉山玄武岩，二叠系下统灰岩，奥陶系下统牯牛潭组白云岩、砂岩。二叠系下统的灰岩为含水层。二叠系茅口组和栖霞组碳酸盐岩层为热水储层，是大峡谷温泉的含水层，岩性主要为灰白色、深灰色灰岩，其顶部高程1295米，钻探底板为2046米，含水层厚达751米。在含水层以上有三叠系飞仙关组粉砂岩和二叠系峨眉山玄武岩两个相对隔水层，使区内热储层长期处于良好的封闭环境，保证了热水的高温条件和承压特征。泉水以裂隙上升渗透为主，并沿不同岩性的层间破碎带出露地表，也保证了地热区热储层地下水体的温度和高温产出。在背斜或穹隆构造的核部，由于受风化剥蚀和流水下切作用的影响，含水层二叠系灰岩在西部大峡谷温泉西部的芭蕉滩、五角堡等地直接出露于地表，大气降水从这些区域不断下渗补给地下水，保证了地下热水的充足来源。

西部大峡谷温泉具有水量大、压力高、水温高、水质优的特点，是目前中国最大的天然生态露天温泉。2011年1月，被评为国家4A级旅游景区（见图1-60）。

图1-60　西部大峡谷温泉（曾光祥　摄）

第一章　自然地理

巧家"毒泉"

据《三国演义》描述,诸葛亮南征时曾遇"毒泉"(哑泉),士兵误饮,非死即哑,致使诸葛亮损兵折将,后来得到当地智者的帮助才得以解危。其实,"毒泉"在云南实有其事,现云南已知的"毒泉"共有4处,最大的一处在巧家县堂琅山中蒙姑镇新塘村北部豆腐沟。

这处泉水曾因人、畜饮此水会中毒死亡,俗称"毒泉"。海拔840米,泉水流量0.008立方米每秒,日出水量691.2立方米,系冷泉,泉水清澈。泉水流经石龙过江注入金沙江。化验结果表明,这处泉水所含硝酸盐与硫酸盐超过国家标准5倍;含氟化钠每斤2.3毫克,超过国家标准1倍;总硬度9.6德国度,pH值达7.42。

经考察,巧家"毒泉"所在的位置处于一个成矿带上,上游地下水经过玄武岩层中的自然铜过滤,再从石灰岩中含有大量硫酸镁的石膏矿中流过,使泉水中含有大量铜和硫酸镁,这两种物质被人体超量摄入后,会导致人的咽部迅速脱水,从而产生声音嘶哑或失声的情况,严重者甚至死亡。

第六节　生态与生物

药山国家级自然保护区

药山国家级自然保护区位于云南省昭通市巧家县中部境内,由南北互不相连的药山片区和荞麦地河下游的杨家湾两片区组成。药山,药物之山,因盛产药物而得名。查阅典籍文献所知,从现实地理意义上,现在的药山就是古代典籍中记载的"堂琅山"。北边的药山片区为保护区主体部分,地处金沙江与其主要支流牛栏江的汇合处,南边的杨家湾片区位于巧家县城中南部。面积514平方千米,有10多座山峰,海拔高度从517米上升到4041.6米(见图1-61)。

图 1-61　滇东北最高峰药山（柴俊峰 摄）

药山新构造运动强烈，加上三面受金沙江和牛栏江的包围与切割，地表崎岖，山岭重叠，沟壑纵横，从高处看，两江的交汇处形成了"人"字形。属滇东北的山原区，地层发育齐全，岩石种类多样，地貌由构造侵蚀地貌、火山岩地貌、流水侵蚀和堆积地貌、喀斯特地貌、冻土地貌及冰川侵蚀地貌构成。气候为典型的低纬高原立体气候，土壤有红壤、黄棕壤、棕壤等多种土类，土壤和植被垂直地带性明显。

药山地处多种植物区，系纵横过渡地带，是一个天然的生物群落和生物多样性资源宝库。主要保护对象为森林生态系统、草甸生态系统，以及珍稀动、植物和野生药材资源。植被由以乌蒙冷杉为主的针叶林和以高山栎为主的亚热带常绿阔叶林构成，国家级重点保护野生植物总数达 50 多种，有巧家五针松、南方红豆杉、珙桐、攀枝花苏铁、篦子三尖杉、连香树、水青树、西康玉兰等；药用植物种类总数达 850 多种，著名的野生药材有柴胡、党参、贝母、天麻、虫草、黄芪、草乌、防风、龙胆草、仙茅参、刺参、黄连等；还有杜鹃、报春、百合、二月花等多种观赏花卉植物，资源极其丰富。其大面积的珙桐群落分布，更是国内外罕见的奇观。国家级重点保护野生动物达 30 种，如豹、黑熊、林麝、斑羚、红腹角雉、白腹锦鸡、白肩雕、雕鸮、金雕、乌雕、金猫等。在约3000米的高山草甸沼泽的湿地上，还有黑颈鹤和灰鹤等重要水禽。

大山包黑颈鹤国家级自然保护区

大山包黑颈鹤国家级自然保护区位于云南省昭通市昭阳区西北部大山包境内，面积192平方千米，海拔3000～3200米。主要保护对象是黑颈鹤及其越冬栖息地的亚高山沼泽化草甸湿地生态系统。1990年，昭通市人民政府批准建立大山包黑颈鹤自然保护区。1994年，云南省政府批准建立大山包黑颈鹤省级自然保护区。2003年，经国务院批准为国家级自然保护区。2005年，云南大山包湿地被列入《中国国际重要湿地名录》。

大山包湿地，地处五莲峰山脉主峰，属构造侵蚀高中山。东与鲁甸龙树相邻，南与鲁甸水磨、梭山接壤，西靠昭阳区的炎山，北邻昭阳区的大寨子，面积31.5平方千米，其中草甸7.97平方千米、沼泽23.53平方千米。由于整个区域地下水位高，湿地较为发育。属内陆湿地，湿地类型包括高山湿地、草本泥炭地和人工湿地。大山包湿地整个山体由上古生界二叠系灰岩、玄武岩和中生界砂岩组成，受金沙江及支流横江、牛栏江强烈切割，形成高中山地貌，山顶上部是保存较平缓的残余高原面。

大山包湿地属暖温带高原季风气候，冬寒夏凉。年平均气温为6.2 ℃，年日照时数达2200～2300小时。无霜期年平均为134天,故区域内植物生长期短。年均降水量1165毫米，雨量分布不均，5—10月降水量占全年降水量的88%。湿地内风大，是滇东北地区大风最多的区域。土壤以亚高山草甸土和棕壤为主，土壤类型主要为泥炭土和沼泽土，有机质含量丰富。大山包湿地又是诸多河流的发源地，皆属长江上游金沙江水系。地下泉眼众多，一年四季长流不断，补充了下游及周边地区的水资源。面积较大的湿地主要集中在跳墩河、大海子等，湿地的面积随地下水位的季节变化而出现相应变化。

大山包湿地有动物28科68种，其中国家一级重点保护动物有黑颈鹤和白尾海雕，黑颈鹤和白尾海雕均属全球性濒危物种。植物资源属泛北极的植物区，中国—喜马拉雅植物亚区云南高原地区滇中高原亚地区，主要为亚高山草甸植被。大面积的亚高山草甸和湿地，使其成为中国黑颈鹤单位面积数量分布最多的保护区（见图1-62）。黑颈鹤种群呈稳定增长趋势，据统计，2020年到大山包湿地公园越冬栖息的黑颈鹤种群数量超过了1900只。

图1-62　大山包湿地的亚高山沼泽化草甸（宋大明　摄）

乌蒙山国家级自然保护区

乌蒙山国家级自然保护区地跨昭通境内大关、彝良、盐津、永善和威信5个县16个乡镇，由朝天马（彝良、盐津、大关三县接合部）、三江口（大关、永善、盐津三县接合部）、海子坪（彝良和威信两县接合部）3个片区组成。保护区面积约261.87平方千米，其中朝天马片区面积150.04平方千米、三江口片区面积83.87平方千米、海子坪片区面积27.96平方千米。朝天马自然保护区如图1-63所示。

本区是云贵高原向四川盆地的边缘地带过渡的地区，地势由南向北倾斜，受金沙江及其支流的深切，山峦交错，河谷纵横，海拔为905～2450米，相对高度较大，不少山地相对高度在1000米以上。区内是四川盆地进入云南冷空气

图1-63 朝天马自然保护区（宋大明 摄）

的主要通道，易受冷空气影响，常在昆明准静止锋控制下，气候与云南大部分地区不同，而与贵州相似，属亚热带湿润季风气候，年平均气温13～17 ℃，降水量差异大，立体气候突出。因此，本区雨雪天、阴天、雾日在全年中占有很高比例，以气候阴湿多雾为特征的黄壤得以充分发育，在垂直地带性土壤中占主要地位，黄棕壤则见于少数海拔较高山体的上部。

区内生境的多样性，充分体现在该地区生物的多样性上。本区是长江上游生态防护林的重要区域之一，是整个乌蒙山系保存面积较大、类型结构自然原始和完整的区域。以保护云贵高原代表性的亚热带山地湿性常绿阔叶林森林生态系统和珍稀濒危特有动、植物物种资源及其栖息地，有金钱豹、云豹、林麝、黑熊、小熊猫、中华鬣羚和四川山鹧鸪、白鹇峨眉亚种、黑颈鹤、黑鹳，以及珙桐、桫椤、南方红豆杉、福建柏、连香树、水青树、天麻、筇竹等众多国家重点保护珍稀濒危野生动、植物资源。目前，记录到野生维管束植物179科756属174种（包括2亚种153变种）、哺乳动物9目28科70属92种、鸟类18目66科356种、两栖爬行动物4目24科61属94种，是极其重要的天然种质资源库。该保护区也是我国野生毛竹的天然分布地、世界筇竹的集中分布中心，以及天麻的原生地和模式标本产地。

会泽黑颈鹤国家级自然保护区

会泽黑颈鹤国家级自然保护区地处长江上游段金沙江的支流牛栏江流域，每年有 500 只以上的黑颈鹤选择会泽县的沼泽草甸和草地作为它们越冬的栖息地。本保护区由大桥片区和长海子片区 2 个片区组成的。

本保护区是中国黑颈鹤的主要越冬地之一，主要保护对象为黑颈鹤及其越冬栖息地的湿地的生态环境，属于野生生物类型自然保护区。本保护区的沼泽湿地占 60% 以上，草地占 20%～38%，农田和浅水湿地占 10% 以下。保护区最主要的保护对象是黑颈鹤，此外还有国家一级保护动物黑鹳、中华秋沙鸭及其他鸟类 100 多种。

铜锣坝自然保护区

位于水富市的铜锣坝自然保护区是滇东北保留较完好的山地湿性常绿阔叶林及其珍稀野生动、植物林区（见图 1-64）。这里地处乌蒙山脉向北延伸的末端，是四川盆地向云贵高原的过渡地带，面积 50 平方千米。林区内分布着 5 条溪流、18 个小盆地、108 座山峰、7 个小湖泊和数十条瀑布。平水坝、白寨坝、铜锣坝、五里坝等 7 个小湖泊与清澈见底的铜锣河连成一片，犹似一串翡翠项链，错落有致地环绕山间（见图 1-65）。

图 1-64　铜锣坝原始森林
（宋大明　摄）

图 1-65　铜锣坝森林公园仙女湖
（宋大明　摄）

多样的自然环境和独特的地貌，滋养了这里种类繁多的动、植物。整个林区有100多种观赏树种、珍奇植物和20多种国家一、二级保护动物。乔灌木树种62科108属139种，杜鹃花有20多个品种，兰花品种有20多个。珙桐、桫椤、水杉等国家重点保护的名贵树种以及罗汉竹等随处可见，或生于溪边，或生于山谷。林区药物资源更是丰富，有34科121种。游荡于林间的，还有金钱豹、黑熊、岩羊、巨蟒、虹雉等珍稀动物。

小草坝原始森林区

小草坝原始森林区（见图1-66）位于世界天麻原产地——彝良县东北部的小草坝镇，横跨彝良、盐津两县4个乡镇，是乌蒙山脉重要组成部分，面积163平方千米，海拔1700～1800米。区域内包括朝天马自然保护区，因山顶似马脑朝天，故得名。最高海拔2225.9米，最低海拔1200米，高差悬殊，立体气候明显。山体由古生代志留系砂岩、玄武岩组成，土质为黄壤，整个山体属长亘岭脊状中山，山势陡峻。

图1-66　彝良县小草坝原始森林区（宋大明　摄）

小草坝集原始森林、河流奇峰、瀑布叠水、池塘石林等景观及苗、彝民族风情为一体。森林覆盖率高达78.6%。小草坝的原始森林、次生林、竹林分布较广，原始森林植被、生物种类多样，且珍稀动、植物繁多。保护类型为森林生态类型，主要保护对象为天然常绿山地湿性阔叶林及其珍稀野生动、植物，以栎类和常绿阔叶林为主，有少量针叶林及黄皮竹、罗汉竹。

据统计，小草坝原始森林区有高等植物193科565属1220种，野生脊椎动物96种。其中，有珙桐、水青树、十齿花、鹅掌楸、领春木、连香树、木瓜红、峨眉含笑、香果树等国家珍稀濒危保护植物29种；有椴木、南方红豆杉、刺楸等国家珍贵树种10种；有野猪、黑熊、猕猴、鬣羚、大灵猫、白鹇、岩羊、红腹锦鸡、红瘰疣螈等国家重点保护野生动物16种；盛产黄连、天麻等珍贵药材。

罗汉坝自然保护区

罗汉坝自然保护区位于大关县天星镇境内，地处由四川盆地向云贵高原的过渡地带，低纬度和高海拔结合，形成滇东北生物多样性最为丰富的地区之一。这处由森林生态系统涵养的湿地与水域生态系统类型结合的区域，面积69.13平方千米，海拔1923～2100米，最高海拔2357米，属温带气候，包括湖泊、草甸、沼泽、湿地、原始森林、河流、瀑布等诸多自然景观（见图1-67、图1-68）。

图1-67 罗汉坝原始森林风光
（周元江 摄）

图1-68 罗汉坝杜鹃湖风光
（周元江 摄）

区域内保护类型为森林生态类型，主要保护对象有峨眉栲、水青冈、桦木和栎类林等亚热带山地湿性常绿落叶阔叶原始森林生态系统、亚高山草甸，沼泽、湿地生态系统及其生物多样性和珍稀野生动、植物。其东部山岭中约14平方千米的原始森林里，有黑熊、云豹、野猪、山牛、灰头鹰、金钱豹、中华鬣羚、岩羊等10多种国家级保护动物，有红豆杉、杜鹃、银杏、五叶枫等20多种国家级珍稀植物，有天麻、杜仲等名贵药材，森林植被覆盖率达90%以上。

驾车自然保护区

会泽县境南部的驾车自然保护区，地处乌蒙山西部支脉，面积82.8平方千米，以保护和发展华山松为主的植物群落，为云南省提供了优质的华山松子种，以进一步研究华山松的遗传变异特性及其生长、发育规律，是云南省唯一的优质华山松子种资源基地。

驾车自然保护区为岩溶山地，地势东北高、西南低，最高点大尖峰海拔3384米，平均海拔2600米，坡度较平缓，均在25°以下。属高原季风气候，由于纬度偏北，加之海拔又高，冬季受北方冷气流影响，夏季多受东南季风影响，形成气候潮湿、冬天稍寒冷、夏天无酷热、湿润多雾的气候特点。年平均气温12.7℃，年降水量827.10毫米，相对湿度高达75%~80%，但冬季常有冰凌危害，影响林木的生长和结实量。成土母质为石灰岩，局部地段为砂岩，土壤为红壤和石灰土。华山松在云南除滇南热区外均有分布，但成片的天然林较少，驾车自然保护区的自然环境为华山松天然林的成片生长奠定了独特的生境，其结实丰富、籽种粒大、饱满、皮薄、乌黑发亮、林木生长迅速，是云南良好的种源基地。

本区生物资源丰富，种类繁多。植被除华山松以外，还有维管束植物224科752属1082种，其中国家二级保护植物有金荞麦。林下灌木发达，覆盖度30%~40%的主要种类有牛筋条、芒种花、小铁子、野蔷薇、马桑、亮毛杜鹃、水红木、珍珠花、柃木、滇白杨、映山红、香薷、川梨等；草本植物覆盖度30%~60%的主要种类有野谷草、黄背草、茜草、美头火绒草、细柄草、莎草、金茅、露水草、蕨类等。丰富的草本资源促进了本区畜牧业的发展。本区有两栖动物2目6科11属、哺乳动物7目16科28属34种、鸟类9目27科76种。

其中，国家一级保护动物有黑颈鹤、大灵猫、林麝；国家二级保护动物有黑翅鸢、雀鹰、灰背隼、白腹锦鸡等；濒危物种有红瘰疣螈、双团棘胸蛙、王锦蛇等。

袁家湾自然保护区

袁家湾自然保护区由袁家湾林区、黄连王家大厂林区、王家尧山林区组成，面积16.34平方千米。该区域处于云南高原向四川盆地倾斜地带，在乌蒙山脉北段，属暖温带季风气候，冬半年昆明准静止锋常在此摆动滞留，使得此区阴冷、多雪、多雾。夏季受北边冷空气影响，温凉多雨，阴雨天气多，全年平均相对湿度84%。全年平均气温9.6℃，年平均日照时数1051小时，年平均降雨量1301毫米，气候呈"春迟、夏短、秋早、冬长"的特点，早晚温差大，立体气候突出。

这里特殊的生境特别适合珙桐的生长发育，区内发现原生成片的珙桐林集中分布在海拔1800米以上的湿润常绿阔叶林中，面积达16.32平方千米。保护区除以珙桐为主要保护对象外，还有云南山茶和被称为"笋中之王""笋中之冠"的竹笋、方竹笋等野生植物，以及种类繁多的野生药用植物，包括天麻、黄连、三七等。中华鬣羚、黑颈长尾雉、岩羊、黑熊、红腹锦鸡、白腹锦鸡等珍稀野生动物则如精灵，出没于茂密的森林中。

三江口自然保护区

三江口自然保护区（见图1-69）地处云贵高原北部边缘永善、盐津、大关三县交界处，为长江中上游重点水土保持区，属乌蒙山系支脉，整个地势西北高、东南低，西北临金沙江，面积6.80平方千米。存钱岩（又称"城墙岩"）是其最高点，海拔2454米。整个地形因受金沙江水系的侵蚀切割，地貌起伏破碎，形成中山侵蚀切割地貌。

三江口自然保护区属亚热带季风高原气候，气候特点为冬凉、夏暖、潮湿，年平均气温10℃，年平均降水量1000～1300毫米，土壤为古生代二叠系石灰岩、砂页岩。森林植被以亚热带山地湿性常绿阔叶林为主，与四川盆地边缘的山地湿

图 1-69 三江口自然保护区（袁志坚 摄）

性常绿阔叶林接近，具有川、滇交界原生阔叶林植被的过渡性特点。保护区内森林覆盖率达 89.47%，以天然林为主，现有林地面积 38.59 平方千米。其中，天然林面积 31.86 平方千米，占 82.56%；人工林面积 6.73 平方千米，占 17.44%。

保护区内珍稀植物种类多，有保存较为完整的植被类型。主要有分布于海拔 2100 米以上的包石栎林植被类型；分布于海拔 1600～2100 米的峨眉栲林植被类型；分布于海拔 1600～2300 米的常绿落叶阔叶混交林植被类型；柏树、杉木和华山松等人工植被类型。其中，峨眉栲是滇东北唯一的原生植物类型，其他植物类型以壳斗科为主，兼有木兰科、茶科、蔷薇科、灰木科、冬青科、五加科、樟科、杜鹃科等常绿阔叶树种，林中伴生有少量的落叶阔叶树种和针叶树种，如国家一级保护植物南方红豆杉、珙桐等。林下灌木层有成片竹林，主要以筇竹为主，在海拔稍高或山脊处多为箭竹。这一树种组成特点，显示出分布于这一地段的植被类型已处于常绿阔叶林分布海拔的上限。保护区内还有许多珍稀动物，如国家一级保护动物云豹、红胸角雉、灰腹角雉、野牛等，国家二级保护动物黑熊、红腹角雉、小熊猫、岩羊、白腹锦鸡等。

白老林

白老林位于盐津县境内，面积 22 平方千米。区域内山高坡陡，海拔高差悬殊，同时受土壤、气候的影响，森林植被呈明显区域性特征。

这里的亚热带湿性常绿阔叶林保存较为完整，生物多样性丰富，特有物种和珍稀濒危动、植物种类较多，是昭通生物多样性较为丰富的地区之一。森林生态类型以峨眉栲、包石栎、青冈栎为代表的亚热带湿性常绿阔叶林生态系统，有桫椤、光叶珙桐、水青树等珍稀野生植物种类，野生动物以云豹、红腹角雉、红腹锦鸡、白腹锦鸡为主，构成多样性的生态系统。

白老林竹资源丰富，竹类起源古老，区系成分复杂，具有多种多样的生态习性和群落类型，包括水竹、筇竹、毛竹（楠竹）、黄皮竹、刺竹、慈竹、麻竹、杂交竹、绵竹等。其中，筇竹在这里的分布较为集中。

二十四岗

二十四岗是以 24 个小山梁而得名，俗称"梁岗"，为四川盆地边缘向云贵高原的过渡地带上五莲峰余脉的山梁，分布于永善县和绥江县接合处，是区域内的高山区和二半山区，主体在绥江县境内，面积 243.49 平方千米。

这里保留有较为完整的亚热带季风常绿阔叶林生态系统，动、植物物种资源较为丰富，保护类型为森林生态类型。有珙桐、鹅掌楸、树蕨、多花含笑等国家保护的珍稀野生植物 58 种，其中，珙桐、树蕨等是冰川纪留下的活化石植物，多花含笑为绥江县境发现的新物种。同时，这里还分布有黑熊、藏酋猴、猕猴、林麝、金猫等国家级保护的珍稀野生动物 20 余种。林区内还有多种经济动、植物物种，盛产天麻、当归、虫草、猪苓等珍贵药用植物。

以拉老林

以拉老林所处的位置为横江水系和乌江水系分水岭，位于镇雄县场坝镇和以古镇两地接合部，面积 6.85 平方千米，是镇雄县最大的原始森林。林区面积数万亩，崇山峻岭，茂林修竹。群山绵延起伏，海拔高差大，适宜多种植物葳蕤生长。在森林边沿地带的山谷中，溪水流淌无声。

以拉林区崇山峻岭，人迹罕至，典型自然地理环境下的森林生态系统等许多珍稀濒危物种和世界孑遗物种得到了很好的保护，以原始次生林类森林生态系统和典型自然地理环境为主要保护对象，主要群落类型为峨眉栲、包石栎林。区内生长着多种具有代表性的动、植物种类和多种国家重点保护的动、植物。主要植物有珙桐、南方红豆杉、水青树、筇竹、楠木、八角、杜鹃等70多种国家重点保护植物，以及具有特殊保护意义的滇藏木兰等野生植物；国家重点保护的珍稀野生动物种类有野牛、云豹、岩羊、红腹锦鸡、白腹锦鸡、苏门羚等30多种。

小岩方

小岩方位于永善县境北端，与绥江、大关、盐津三县交界，西南临金沙江，面积96.98平方千米，海拔560～2130米。区内受地壳运动和流水切割，山高谷深，山脉分支较多，地貌类型多样，地势东南高、西北低。气候总体属中温带，雨热同季，干冷同期，但受地貌的影响，形成不同的小区域气候。岩层主要以石灰岩为主，也有页岩和玄武岩分布，在此基础上发育的土壤多为碳酸盐类红壤、黄壤及黄棕壤，土层深厚。

优越的自然环境使本区域内森林覆盖率高，基本无水土流失。植被多为次生林，属于森林生态类型。分布于此的植物有30科76属156种，包括峨眉栲、光叶珙桐、银杏、筇竹、包石栎、元江栲、鹅掌楸、南方红豆杉、楠木等，在森林下层还分布有天麻、虫草、黄连等多种药用植物。在这里栖息的动物有33科70种，不乏云豹、黑熊、獐、红胸角雉、野牛等珍稀动物。

雨龙山草场

雨龙山草场位于彝良县奎香苗族彝族乡松林村，是本区东部乌蒙山支系山脉丘陵地带的另一个大规模天然和人工结合的草场，为多年生黑麦草种子基地。雨龙山草场海拔2539米，是云贵高原特色的草原（见图1-70）。

本区的气候条件与马楠草场相似，气候为中、北温带类型，因山地海拔高，气候冷凉，雨多雾浓，土壤潮湿。雨龙山草场属于温凉湿润亚高山草甸类，草矮小，萌发迟，生长期短，霜期长，产量低，但草场集中连片分布。雨龙山断裂发育，

图 1-70　雨龙山草场（赵昱　摄）

受流水深度切割，形成了耸然拔起、两壁相峙的嶂谷地形。为治理水土流失，本区以种草养水土的原则大力发展畜牧业，目前已建成雨龙山连片草场约 33.3 平方千米，可放牧牛（羊）3400 余头（只），是本区山羊和黄牛的主产区。

马楠草场

马楠草场属温凉湿润亚高山草甸类，分布于永善县中部、五莲峰山脉中段脊梁上，是金沙江畔的高海拔山区，海拔 920～3020 米，拥有 120 平方千米的天然草场，是本区绵羊的主产区。早在约 200 年前是原始森林，为针叶林和阔叶林，后林木逐渐惨遭砍伐，原生植被演变为次生灌丛草甸。本区属典型的低温高湿立体气候，气候特点是低温、雾大、阴雨多，四季分明，秋寒早，每年 3—5 月春旱严重，5—9 月阴雨连绵，云雾缭绕，10 月至次年 3 月为降雪寒冷季节，"长冬无夏，春迟秋早"。年平均气温 5.2 ℃，年降水量 1170 毫米，年平均相对湿度高达 86%。土壤为红棕壤，土地贫瘠，土壤肥力差。这样的自然环境对农作物的生长极为不利，农作物产量也很低，但适合亚高山草甸的生长。区域内草场宽广且成片分布，联结了马楠村等多个自然村，是云南省乃至全国半细毛羊改良基地（见图 1-71）。

图 1-71 马楠草场（罗铭 摄）

马楠草场牧草品种丰富，以多年生黑麦草、鸭茅、白三叶（三叶草）为主，枯草期为 1—5 月，盛草期为 7—11 月。广阔的天然草地和多种牧草品质较好，为本区发展草食畜牧业提供了得天独厚的自然资源优势。牧业是该区域多数村庄的主要经济来源。但其寒冷的气候，也导致牧草长势缓慢、营养不足，使牲畜生长慢。蛋白质、氨基酸、钙、磷等营养物质补充不足，牲畜饲养期长，出栏率低，养殖效益低下的情况，制约了本区畜牧业规模化的大力发展。

马树湿地

湿地具有调节气候、提供生物栖息生境、净化水质、涵养水源、稳定径流、保持水土等重要生态服务功能。巧家县马树镇境内的马树湿地是长江流域内一处重要的水禽栖息地，以湖泊湿地和沼泽湿地为主，保护区面积 4.03 平方千米（见图 1-72）。

马树湿地分大海子湿地和孔家营湿地两个片区。位于马树村的大海子湿地海拔 2400 米，保护面积 2.4 平方千米，是巧家县越冬水禽种类和数量分布最多的区域。湿地水量充足，水生生物丰富，水域面积相对较大，水域外围有许多耕地和草地，是越冬水禽良好的栖息地。孔家营湿地属于孔家营村，海拔 2727 米，保护面积 1.63 平方千米。

图 1-72 马树湿地（张广玉 摄）

马树湿地生态环境情况较好，深、浅水各有分布，沙滩、沼泽相互间杂，动、植物资源极为丰富。每年9月至次年3月，两三百只黑颈鹤带着成百上千只斑头雁、绿头鸭、赤麻鸭、黄鸭、苍鹭、白鹭、黑鹳等野生候鸟到马树湿地越冬栖息（见图1-73）。

图 1-73 马树黑颈鹤（张万高 摄）

海子坪竹海

因盛产竹子，彝良县北部洛旺苗族乡中厂村的海子坪有"竹海"之称。由于自然地理气候特殊,该区域内生长着天然毛竹、观赏竹种方竹、古老工艺竹种罗汉竹和水竹等竹类。其中,天然毛竹面积达 0.47 平方千米,约有 21.44 万株,最高 15 米,胸径 14～18 厘米,为中国保存最好、面积最大、唯一的连片野生毛竹林自然保护区。

海子坪竹海所在地海拔 1239～1709 米,面积 27.82 平方千米,活立木总蓄积量 11.5 万立方米。除竹类外,该区域还有被称为植物"活化石"的珙桐、珍贵药材天麻等珍稀植物,以及国家级保护动物红腹锦鸡、白腹锦鸡、白鹇锦鸡、大鲵(娃娃鱼)、小熊猫、黑熊、野牛等。

高山常绿杜鹃群落

杜鹃花,彝语称"索玛花",昭通人俗称"木耳花",又名"映山红""山石榴",学名"小叶杜鹃",为常绿或平常绿灌木。生于昭通境内海拔 2500～3600 米的高山草原、灌丛林或杂木林中的杜鹃,是公认的"世界三大高山名花"之一,也是我国"天然三大名花"(龙胆、报春、杜鹃)之一。全世界已发现的野生杜鹃花约 960 种,中国就有 524 种,其中云南又是杜鹃花资源大省,全省约有杜鹃花 320 种(见图 1-74)。

(a)(钱文松 摄)　　(b)(邓雪梅 摄)

图 1-74　高山杜鹃

杜鹃花主要分布在高海拔的高寒地区，耐严寒、干旱、瘠薄，喜凉爽与湿润的气候，对环境的适应性较强，为典型的酸性土指示植物。本区处在云贵高原向四川盆地的过渡地带，乌蒙山区海拔高、冷凉的气候，富含腐殖质、疏松的酸性土壤为杜鹃花的生长发育提供了良好的生境。在乌蒙山和五莲峰许多高大山地上，天然生长着上万亩高山杜鹃林，成为高原山地中的典型代表性植被。昭阳区小龙洞回族彝族乡宁边村万亩杜鹃、大坪子山上万亩杜鹃花、会泽大海草山牯牛峰下的万亩杜鹃、巧家县马树镇大白露梁子万亩杜鹃林等，都是本区独具特色的杜鹃花资源。滇东北区域杜鹃花以品种繁多、面积广阔著称，闻名的品种包括山育杜鹃、紫花杜鹃、大树杜鹃、大白花杜鹃、多变杜鹃、繁花杜鹃、锈红杜鹃、团花杜鹃、小叶杜鹃等。每年5月中旬至6月中下旬花开时节，漫山遍野的杜鹃花争奇斗艳，紫色、红色、白色、黄色……五彩缤纷。

鸡鸣山刺叶高山栎林

刺叶高山栎为壳斗科栎属的植物，常绿灌木或小乔木，高3～6米。在中国，这种植物分布于陕西、甘肃、江西、福建、台湾、湖北、四川、贵州、云南等地，生长于海拔900～3000米的山坡、生境、山谷森林中及岩石裸露的峭壁上。在本区，刺叶高山栎多见于会泽县待补镇的鸡鸣山间，且呈片状分布，总面积4平方千米。

刺叶高山栎具有耐寒、耐干旱贫瘠特性，在酸性或石灰岩土壤均能生长，常可与其他树种混交成林。刺叶高山栎小枝幼时被黄色星状毛，后渐脱落。叶面皱褶不平，叶片呈倒卵形、椭圆形，顶端圆钝，基部呈圆形或心形，叶缘有刺状锯齿。幼叶两面被腺状单毛和束毛，老叶仅叶背中脉下段被灰黄色星状毛，其余无毛。

十齿花群落

十齿花是十齿花科单种属植物，为落叶小乔木或半常绿灌木，高3～11米。

叶纸质，披针形或窄椭圆形，基部呈楔形或阔楔形，边缘有细密浅锯齿。树皮灰色，不裂，叶互生。十齿花喜光照充足，也能耐一定的蔽荫，属乔木层主要树种，与水青冈、檫木、厚斗柯、山桐子等组成常绿阔叶林、常绿落叶阔叶混交林，也多见于疏林或灌丛中。

十齿花群落主要分布在海拔较高、冬无严寒、夏季凉爽、湿度大，以及酸性黄壤、黄棕壤中和耐贫瘠的山地，在中国集中分布于西藏、云南、贵州、广西等地的少数海拔800～2400米的热带、中亚热带山地。本区十齿花群落分布于滇东北海拔1900～2100米的地方，常见于彝良的小草坝及溪边和路旁。

珙桐

珙桐又名"水梨子""鸽子树""鸽子花树"，为植物界的"活化石"，被誉为"中国的鸽子树"。珙桐为珙桐科珙桐属，落叶乔木，常高达15～20米，植被稀疏的地方可达25米。本科植物只有一属两种，两种相似，只是一种叶面有毛，另一种光叶珙桐是光面。在滇东北境内两种皆有，主要分布在除鲁甸县外各地海拔1200～2400米的林区，在大关县三江口林场内呈群状分布。

珙桐是全世界著名的观赏植物，为国家一级重点保护野生植物，也是中国特有的单属植物。珙桐不耐瘠薄、不耐干旱，偏好阴湿环境及中性或微酸性腐殖质深厚的土壤。1000万年前，晚白垩纪和新时代第三纪留下的孑遗植物，曾广泛分布于世界许多地区，在第四纪冰川期，大部分地区的珙桐在低温的环境中相继灭绝，只有在中国南方的一些海拔较低的山谷地区的珙桐幸存下来。滇东北部分低纬度低海拔的地区，因未受到第四纪冰川的影响，成为热带、亚热带植物天然的"避难所"，因此在其海拔1200～2400米的湿润山区，有大量的珙桐分布（见图1-75）。

图1-75 珙桐（鸽子花）（宋大明 摄）

牯牛寨杜鹃林

牯牛寨系乌蒙山的主峰，海拔4017.3米。牯牛寨山峰山脚地势平缓、广阔，分布有万亩天然杜鹃林，范围涉及会泽县的大海乡、待补镇等地。

牯牛寨杜鹃种类繁多，有10余种，有花朵丛生的百合杜鹃、芳香扑鼻的桃叶杜鹃、深红色的杜鹃、紫花色的杜鹃、乔木杜鹃……还有一些叫不出名的杜鹃。杜鹃花色各异，有紫色、红色、白色、黄色，漫山遍野，每年4—5月，花开山艳。特别是其间的大海乡草山一带，由于此区较为偏僻，且周边人烟稀少，人为破坏较小，自然生态环境较好，野生杜鹃茂密，呈片状分布，且有宽阔的草场分布，曾被推荐为"全国108个绝美地标"之一（见图1-76）。

图1-76 牯牛寨杜鹃林（王华 摄）

峨眉栲

峨眉栲又名"扁刺锥"，为落叶乔木，躯干可高达20米，胸径达1米，树皮呈灰褐黑色，枝、叶均无毛。叶革质，卵形、长椭圆形，常兼有倒卵状椭圆形的叶片，长10～18厘米，宽3～6厘米，顶端短尖或弯斜的长尖，基部近于圆形或阔楔形，通常一侧略偏斜，叶缘中或上部有锯齿状裂齿，或兼有全缘叶，嫩叶叶背有红棕色细片状易抹落的蜡鳞层，成长叶黄灰或银灰色。

峨眉栲分布于贵州西北部、四川、云南东北部，生于海拔1500～2500米的山地疏或密林中，干燥或湿润地方皆可。本区域主要分布于大关县、永善县、彝良县、镇雄县等海拔1600～2100米的高二半山地区。分布面积大，有的形成小片纯林，有的与其他林种混交，常与木荷、包石栎组成茂密森林，是滇东北地区极具代表性的山地植被类型。同时，乌蒙山自然保护区也是峨眉栲在中国分布的最西边缘。

桫椤

桫椤是桫椤科、桫椤属蕨类植物，渐危种。桫椤的茎直立、中空，似笔筒，叶呈螺旋状排列于茎顶端。茎干高达6米或更高，直径10～20厘米，叶柄长30～50厘米，通常为棕色，叶片较大。桫椤是能长成大树的蕨类植物，又称"树蕨"，有"蕨类植物之王"的美誉。

桫椤是一种喜温暖潮湿、半阴性树种，多生长于海拔260～1600米的山地溪旁，即潮湿地和溪边阳光充足的地方。土层疏松、土壤酸性的山地环境中，常数十株或上百株桫椤构成优势群落，亦散生在林缘灌丛之中。桫椤科植物是一个较古老的类群，在地质历史上，桫椤科植物最早出现于中生代的早侏罗纪或晚三叠纪，在中生代中期曾广泛分布，极为繁盛。由于地质变迁和气候变化，尤其是第四纪冰期的影响，使大量物种绝灭或濒临灭绝，分类区域也大幅度缩小。

桫椤在中国主要分布于西藏、贵州赤水市及云南屏边县、文山市、砚山县、镇雄县、威信县、盐津县等地，滇东北主要分布于威信县、镇雄县、盐津县、彝良县、绥江县海拔500～1000米的山地溪旁，呈单株分布。

巧家五针松

巧家五针松为松科松属白皮松种，是一种全世界仅分布在巧家县境内药山自然保护区的特有种类，兼具有松科植物的特点，叶似华山松，松果似云南松，树皮似白皮松。"巧家"反映其产地，"五针"是该白皮松区别于其他白皮松最直接的特征。因其针叶是五针一束，故命名为"巧家五针松"，又名"五针白皮松"。

巧家五针松为常绿乔木，高达24米，老树树皮多为暗褐色，呈不规则薄片剥落，内皮为暗白色。冬芽为卵球形，红褐色。该物种于1992年在白鹤滩街道杨家湾村樟木箐与中寨乡付山村交界南北走向山脊两侧的山坳中发现。分布区处于金沙江干热河谷深切割中山山地上部，海拔2000～2350米温暖性针叶林与温凉性阔叶林过渡地段，土壤为红壤或黄红壤，范围约5平方千米，树龄为10～50年（见图1-77）。

（a）（宋大明 摄） （b）（邱锋 摄）

图1-77 巧家五针松

巧家五针松全球个体数量少，仅存原生植株31株，属国家一级保护濒危野生植物,被列为全球 100 种最濒危物种之一,并被国家和云南省列为优先保护的极小种群野生植物。巧家五针松群种幼苗和幼树缺乏,自然更新能力差,且呈衰退迹象,被誉为"植物界的大熊猫"。2004 年开始,我国对其进行科学研究和抢救性保护,通过野外种子采集、种子萌发实验、幼苗栽培等,实施近地移植、迁地移植。截至目前,累计实现人工繁育近 7000 株,保存幼苗幼树 5000 余株。其中,**繁育移植存活已达 3000 余株**,分布于巧家县、昆明市、大理市等不同生境地,另有 2000 余株幼苗保存于苗圃。

云南穗花杉

云南穗花杉为红豆杉科穗花杉属下的一个种,是濒危物种,为常绿小乔木,高 5～12 米。该物种分布狭窄,最早仅发现于云南东南部,现毗邻的贵州西南部兴义市也有发现,越南亦有分布,一般分布在海拔 1000～2100 米的地方。在本区威信双河海拔 900～1800 米处,发现有云南穗花杉 800 株,与南亚热带石灰岩山地常绿落叶阔叶形成混交林景观。

云南穗花杉喜阴湿环境,多生长在土层较深厚、土壤肥沃、山坡陡峭的石灰岩山地且排水良好的区域,常年雾多,湿度大,年降水量丰富。因其生长期长,导致木材材质细密,为优质工艺用材。在森林分层中常为中、下层林木,由于受到其他物种挤压,云南穗花杉常生长发育不良,自然更新差,故多呈灌木状。

黄杉

黄杉又叫"黄帝杉""短片花旗松""罗汉松"。松科,针叶树常绿乔木,高达 50 米,胸径达 1 米,树干高大通直。黄杉喜光,耐干旱、瘠薄,对土壤、气候等因子的适应性强。多分布于土壤有机质丰富、质地疏松且湿润,以及夏季多雨、冬春较干的气候环境,抗风力强、病虫害少。在酸性黄壤、黄棕壤及紫色土中均长势良好。黄杉为我国特有树种,常与其他针叶树、阔叶树混交生长或形成纯林。

在我国，黄杉主要产于云南、四川、贵州、湖北、湖南等地。在云南，黄杉属植物主要有两种——黄杉及澜沧江黄杉，主要分布于昭通曲靖、昆明禄劝、玉溪易门等地。本区主要分布于会泽等海拔1700～2000米山地缓坡上呈片状散生林或疏林分布，在昭阳和鲁甸、永善、威信海拔1800～2400米山地呈单株、散生分布。

攀枝花苏铁

在金沙江中段干热河谷间，分布有中国特有的古老残遗种属攀枝花苏铁。苏铁亦称"铁树"，苏铁属，棕榈科常绿植物，高1～2.5米。茎干通常单一，叶簇生于茎干的顶部，呈螺旋状排列，下层的向下弯，上层的斜上伸展，整个羽状叶的轮廓呈倒卵状或披针形，羽状全裂，仿若凤凰的尾巴，因此获得"辟火蕉""凤尾蕉""凤尾松""凤尾草"的别名。

苏铁开花常无规律，并且不易看到开花，故有"千年铁树开花"的说法，但在本区生长良好的攀枝花苏铁，树龄在10年以上，雄株可年年开花，雌株亦可两年开一次花。苏铁喜暖热湿润的环境，但也能耐干旱。苏铁不耐寒冷，喜肥沃湿润和微酸性的土壤，生长较慢，寿命长约200年。作为古老残遗的裸子植物，其最早出现在距今约2.8亿年前的古生代二叠系，因此被誉为植物的"活化石"。本区天然苏铁群落在巧家药山自然保护区海拔1100～2000米的区域集中分布。

云南红豆杉

云南红豆杉为常绿乔木，高达30米，胸径达60～100厘米。浅树皮呈灰褐色、红褐色或暗褐色，裂成条片脱落，大枝开展。红豆杉的果实——红豆，宛如南国的"相思豆"，外红里黑，红豆杉由此得名。红豆杉耐荫性强、抗旱，生长缓慢，属珍稀濒危植物，为第四纪冰川遗留下的古老树种，在地球上已生活了250多万年。

云南红豆杉叶质薄柔，呈披针形或条状披针形，弯镰状，中上部渐窄，先端渐尖，干后边缘向下卷曲或微卷曲，下面中脉带上有密生均匀而微小的圆形角质乳头状突起点，干后通常色泽变深。云南红豆杉常分布在海拔 2100～3100 米的高地，镇雄县、威信县、大关县、彝良县等地皆有分布，这些地方均有湿润及半湿润的自然环境（见图 1-78）。

图 1-78　云南红豆杉（胡顺坤 摄）

筇竹

筇竹，云南人多叫"罗汉竹"，四川人称其为"宝塔竹""算盘竹"，因产于邛地（今西昌）而得名，是西南地区特有竹种，也是目前竹亚科中仅有的两种国家三级保护的稀珍竹种之一（另一种为短穗竹）。筇竹秆笔直，高 2.5～6 米，秆环隆起，呈一圆脊，状如二盘相结合，基部通常有 5 节位于地表以下，基部数节间基本为实心，往上的节间则逐渐中空。竹节有的膨大短小，状如算盘珠子，节间为圆筒形，下部不分枝的节间常有一个狭窄沟槽。筇竹喜生于温凉潮湿的气候区，土壤为山地黄壤。

筇竹自然分布于四川宜宾市和云南昭通市，即云南高原东北缘向四川盆地过渡的中山地带，通常大面积集中成片生长于海拔1560～2100米，最高达2200米的山区上部到山脊的常绿阔叶林林下，常构成灌木层的主要成分，局部地区亦可出现大片的筇竹丛。在本区，筇竹集中分布于大关县、绥江县、永善县、威信县、彝良县、镇雄县等海拔1600～2100米的坡地林下，如绥江县二十四岗、威信县长安镇白沙河、彝良县海子坪林场。

筇竹为著名的笋用竹种（见图1-79、图1-80）。竹竿为制作手杖和烟杆的上等材料。据历史记载，筇竹手杖远在汉唐时代就远销至印度、中亚乃至欧洲和非洲。同时，筇竹因有不同的变种，也是很好的观赏竹类。

图1-79　筇竹与笋（周元江　摄）　　　图1-80　筇竹笋（邓敏　摄）

漆树

漆树因可产生漆而得名。属落叶乔木，高达20米。漆树属喜光植物，不耐庇荫，生长时需较多的水分和较高的热量。漆树以酸性土或中性土为宜，在土质疏松、肥沃、湿润、排水良好的沙质土上长势最好，在低洼积水、排水不良的地方易发生根腐病且导致死亡。

秦巴山地和云贵高原为漆树的集中分布区，尤以云南、四川、贵州三省的产量最多。在本区，漆树分布于威信县、镇雄县、彝良县、昭通区、鲁甸县、巧家县、永善县等地。漆树是本区重要的经济林木，种子可榨漆油，果实外皮可提取漆蜡。木材坚实，为天然涂料、油料和木材兼用树种，素有"涂料之王"的美誉。

鹅掌楸

鹅掌楸为落叶乔木，木兰科鹅掌楸属孑遗种，是中国特有的珍稀植物。鹅掌楸树高可达40米，叶马褂状，故又叫"马褂木"。

鹅掌楸喜光及温和湿润的环境，在干旱土地上生长不良，也忌低湿水涝，有一定的耐寒性，喜酸性或微酸性土壤，在深厚肥沃、排水良好环境中长势好，通常生于海拔900～1000米的山地林中或林缘，呈星散状分布，也有组成小片纯林。在本区，鹅掌楸分布于盐津县、威信县、水富市、永善县海拔1000～1800米的山地林中。

油桐

油桐与油茶、核桃、乌桕并称"中国四大木本油料植物"。油桐为落叶乔木，高达10米，树皮呈灰色，近光滑，枝条粗壮，无毛，叶呈卵圆形。花雌雄同株，花瓣呈白色，有淡红色脉纹，呈倒卵形，核果近球状。油桐是靠树上产生的种子而繁殖后代的。

油桐喜温暖，不耐严寒，富含腐殖质、土层深厚、排水良好，中性至微酸性沙质土壤最适宜油桐的生长。在本区海拔2000米以下的缓坡及向阳谷地，油桐分布广，盛产于巧家、鲁甸、永善、绥江、水富、盐津、大关、彝良等地。油桐是我国重要的工业油料植物，可以生产桐油。

光叶水青冈

光叶水青冈是落叶乔木,高达 25 米,胸径达 1 米。小枝初时被毛,后无毛,有灰白色蜡层,第一、二年生枝紫褐色,第三年生枝苍灰色,有长椭圆形(有时兼有近圆形)皮孔。这种树为阳性树种,幼苗生长需要适当的光照。花期为 4—5 月,果期为 10—11 月。

光叶水青冈在本区乌蒙山自然保护区呈片状分布,形成光叶水青冈群落,本区的光叶水青冈群落为光叶水青冈群落地理分布的最西部类型(见图 1-81)。林内伴生有筇竹、峨眉栲、木瓜红、珙桐等珍稀物种。

图 1-81　滇东北最大的光叶水青冈古树(三江口)(胡荣　摄)

绥江含笑

绥江含笑属木兰科,含笑属新种,常绿灌木或小乔木。因仅见于绥江,在国内其他地方均没有找到相似的品种,故定名为"绥江含笑",它是以县命名的植物(见图 1-82)。

绥江含笑的树皮为灰褐色,树干粗大,树枝茂密。分枝多而紧密组成圆形树冠,树皮和叶上均密被褐色绒毛。单叶互生,叶面有光泽,叶柄、花梗均密被黄褐色绒毛。叶革质,呈狭椭圆形或倒卵状椭圆形(见图 1-83)。绥江含笑分布于海拔1300米左右的桂花村和关口村与罗坪村交界处。这种树不易嫁接，更因为水土不同不能移栽。

图 1-82　绥江含笑（宋大明　摄）　　　图 1-83　含笑花开（马志明　摄）

绥江玉山竹

绥江玉山竹又称"毛毛竹"，禾本科玉山竹属植物，灌木状竹类。分布于云南东北部绥江县境内海拔1300～1500米的山地常绿阔叶林中。

玉山竹散生，直立，高1～2米；基部节间长2～10毫米，呈圆筒形，实心或少数种可中空，在分枝一侧节间的下部微扁平。下部各节都有1个分枝，中部以上各节可多至3个分枝，枝直立或上升。叶片呈长圆状披针形。箨鞘宿存，呈三角状长圆形，叶革质，背面被灰黄色至棕色疣基刺毛。笋期为8月。

刺老包

刺老包学名为"楤木",又叫"树头菜""老虎刺",滇东北则称为"刺老包"。这种树是本区鲁甸县、大关县、镇雄县、彝良县等特产之一。刺老包是野生落叶小乔木,枝干细长笔直,高可达 6 米,从枝干到叶柄均长满利刺,只在枝干顶端长叶,初为苞状,而后散生。苞状时形如茄子,散开的嫩芽状如香椿,鲜嫩时刺稍软,枝叶上覆盖着一层棕黄色绒毛,可食用。此树每年农历三四月含苞欲放或含苞初放的刺老包长满枝头,产地农家便带上木钩上山采摘自食或出售。

刺老包喜偏酸性土壤。广泛产于滇东北境内海拔 250～1000 米的高二半山区的小溪边、山坡灌木林中或半阴的阔叶林、混交林、次生林中或生长在林缘,多见于山地阳坡(见图1-84)。

图 1-84 刺老包(邓敏 摄)

海子油杉

海子油杉又称"海子盘龙树""盘龙神杉",是当地有名的古木,生长在彝良县海子镇新场村一水沟边,海拔1591米。这棵油杉经专家鉴定已生存1800多年,树身高约10米,直径长逾3米。树梢长是树高的4倍左右,树梢和树枝长势为横形状态,外形酷似画中"神仙",又如"神龙"蜿蜒盘踞,因此得名"盘龙树"。

"二月二,龙抬头",每年农历二月初二这一天,四面八方的乡民在海子盘龙树下举办盛大的"盘龙聚会"(或称之为"盘龙节"),对着古树虔诚膜拜,真心许愿,祈求风调雨顺、平安幸福,围着古树举行具有特色的民俗活动,有山歌、摔跤、射箭、吹笛子等。此地崇拜古树之风俗,历代不衰,至今仍盛。

大鲵

大鲵，属两栖纲有尾目，是国家二级保护鱼类，是世界上现存动物体形最大的也是最珍贵的两栖动物，体长可达1米以上。在繁殖季节常发出鸣叫，其声如婴儿哭啼，故得名"娃娃鱼"（见图1-85）。

娃娃鱼在滇东北北部山区河溪中广泛分布，特别是沿金沙江支流白水江流域一带的深山密林溪河中分布广泛，尤以白水江流域的镇雄县罗坎、彝良县牛街、洛旺和盐津县庙坝、柿子等地为多。最大的长达1～2米，重25～30千克。娃娃鱼系白水江流域的一大特产，故冠名"白水江娃娃鱼"。娃娃鱼是地球上现存的一种古老的鱼类，是经历过冰河时期的幸存者，为鱼类演化到陆栖爬行动物之间的过渡类型，兽身鱼尾，身上无鳞，有4足，有肺，眼小嘴大。

图1-85 大鲵

云豹

云豹形似小豹，为哺乳纲的猫科动物，为国家一级保护动物。四肢短而尾长，体长75～110厘米，尾长70～92厘米，体重15～20千克，为豹亚科最小者。体背呈淡褐黄色或灰黄色，体侧自前肢到腹部有数块斜长方形的大云斑，故得名"云豹"。云斑周围黑色。瞳孔为长方形，收缩时为纺锤形。犬齿锋利，与前臼齿之间的缝隙较大，长度比例在现存猫科动物中最大，能够咬杀较大的猎物。

云豹在本区分布较广，树栖性较强，主要栖息于大关县罗汉坝、盐津县白老林和老黎山、镇雄县以拉、永善县小岩方等自然保护区内，亚热带山地湿性常绿落叶阔叶林原始森林生态系统为其提供了广阔的生存空间。云豹会游泳，喜夜间活动，极善攀爬，通常在树上守候猎物，食物主要是麂类、野猪等，也捕食猴、鼠、野兔等小型哺乳动物，偶尔偷吃鸡、鸭等家禽。

小熊猫

小熊猫外形似猫，但躯体较猫肥壮，是国家二级保护动物。体重4～6千克，体长56～73厘米；尾长44～48.5厘米；头部短宽，吻部突出，脸圆，颊有白斑；眼睛前向，鼻端裸露；耳大而直立，前伸，耳郭尖；全身红褐色，颈下及腹部黑褐色，四肢和足掌均为黑色；尾毛蓬松，有红褐、黄白色或红褐、黑褐色相间的环纹，尾端黑褐色（见图1-86）。

图1-86　小熊猫（夏仲康　摄）

小熊猫数量不多，主要栖息于亚热带针阔混交林或常绿阔叶林中有竹子的地方，在本区主要分布于彝良县海子坪自然保护区内。小熊猫善攀爬，爱清洁，单只、成对或结小群活动。喜食竹笋、嫩枝、竹叶，以及各种野果、树叶和苔藓等，也捕食小鸟和其他小动物，尤其喜食带有甜味的食物。

藏酋猴

藏酋猴是中国特有种，是中国猕猴属中最大的一种，国家二级保护动物。体长61～72厘米，体重12～18千克。头大，成年雌猴面部皮肤肉红色，成年雄猴两颊及下颏有似络腮胡样的长毛。藏酋猴头顶和颈毛一般呈褐色，眉脊有黑色硬毛；背部毛色深褐，靠近尾基黑色。仔猴面部为肉色，幼年白色，成年鲜红，老年转为紫色具黑斑或为黑色。

藏酋猴在本区主要分布于永善县三江口、绥江县二十四岗、威信县大雪山等自然保护区内，亚热带山地湿性常绿阔叶林区有岩石的生境中。藏酋猴多集群生活，由 10～30 只组成，每群以 2～3 只成年雄猴为首领，遇敌时首领在队尾护卫。藏酋猴喜在地面活动，在崖壁缝隙、陡崖或高大的树上过夜，以多种植物的叶、芽、果、枝及竹笋为食，亦食鸟及鸟卵、昆虫等。5 岁性成熟，发情期多在秋季，春末夏初产仔，每胎 1 仔。

豹猫

豹猫，别名"钱猫""野猫""山猫""狸猫""狸子"。外形似家猫，体形较小，体重 2～3 千克，体长 36～64 厘米，尾长 15～30 厘米。体背基色为棕黄色，从头部至肩部有 4 条棕褐色条纹，两眼内缘向上各有一条白纹，身上布满褐色、红棕或棕黑色斑，胸腹部及四肢内侧白色，尾背有褐斑点或半环，尾端黑色或暗灰色（见图 1-87）。

图 1-87　豹猫

豹猫主要栖息于山地林区或郊野灌丛等地，常居于近水的地方，昼伏，多夜间活动。常出没于城镇或居家附近，本区巧家县药山周围山脉多见此动物。

豹猫善游泳，在巢穴附近排便，有向后扒土掩盖的习性。豹猫也极善攀爬，喜独栖或雌雄同栖。主要以鼠类、松鼠、飞鼠、兔类、蛙类、蜥蜴、蛇类、小型鸟类、昆虫等为食，也吃浆果、榕树果和部分嫩叶、嫩草，有时会潜入村寨盗食鸡、鸭等家禽。春季交配，5、6 月产仔，每胎 2～3 仔。

黑熊

黑熊，国家二级重点保护野生动物。体形中等，体重 150 千克左右，体长

1.5～1.7米，尾很短，仅5～15厘米，头部宽圆，吻部短而尖；眼小，耳大；颈粗短，肩部不隆起，胸部有一倒"人"字形白斑，臀部圆而大；四肢粗大，脚掌裸露、足垫厚实，为著名的"熊掌"；毛色为富有光泽的漆黑色，下颏白色（见图1-88）。

图1-88　黑熊

黑熊为林栖动物，在本区主要分布于威信县大雪山、绥江县二十四岗、镇雄县袁家湾、永善县五莲峰和小岩方等自然保护区内，亚热带山地湿性常绿阔叶林和针阔混交林生态系统为其提供了广阔的生存空间。黑熊具冬眠习性，但在常绿阔叶林中并不冬眠。会游泳，善爬树，独栖，杂食性，但以植食性为主，喜挖蚁穴和掏蜂巢。

红腹锦鸡

红腹锦鸡，又名"金鸡"，中国特产鸟类，国家二级重点保护野生动物。中型鸡类，雄性全长约100厘米、雌性全长约65厘米。雄鸟羽色华丽，头顶、下背、腰及较短的尾上覆羽金黄色，上背浓绿色，翎领亮橙黄色而具黑色羽缘，下体红色，尾桂皮黄色，满布黑色网状斑纹。雌鸟头顶和后头黑褐色并杂以肉桂黄色，上背棕色而具黑褐色横斑，翼上黑斑更粗，上体余部棕褐，尾端形尖颜色较淡，胸和肋棕黄色杂有黑斑，腹肌为纯棕色。红腹锦鸡国内外动物园均有饲养，具有很高的观赏价值（见图1-89）。

在本区，红腹锦鸡分布于巧家县药山、盐津县白老林、永善县五莲峰自然保护区海拔500～2500米的阔叶林、针阔叶混交林和林缘疏林灌丛地带，冬季也常到林缘草坡、耕地活动和觅食，善奔跑，很少见其起飞。红腹锦鸡喜成群活动，特别是秋冬季，有时集群多达30只，春、夏季亦见单独或成对活动。红腹锦鸡主要以植物的叶、芽、花、果实和种子为食，也吃小麦、大豆、玉米、四季豆等农作物。此外，也取食少量的甲虫、蠕虫、双翅目和鳞翅目昆虫等。

图 1-89 红腹锦鸡（张万高 摄）

岩羊

岩羊又叫"崖羊""石羊""青羊"，国家二级重点保护野生动物，形态介于绵羊与山羊之间，外貌兼有这两类羊的一些特征。就体形而言，岩羊很像绵羊，不过它的角不盘旋，而又近似山羊，但雄兽的下颌又没有胡须，也没有膻味。它的体形中等，体长120～140厘米，尾长13～20厘米，体重为60～75千克。头部长而狭，耳朵短小。通身均为青灰色，胸部为黑褈色，吻部和面部为灰白色与黑色相混，腹部和四肢的内侧则呈白色或黄白色，臀部和尾巴的底部为白色，尾巴背面末端为黑色。冬季体毛比夏季长而色淡。雄兽和雌兽都有角，但雌兽的角很短，雄兽的四肢前缘有黑纹，而雌兽则没有。

岩羊在本区分布较广,主要分布于威信县大雪山、盐津县老黎山、镇雄县袁家湾、永善县五莲峰和小岩方等自然保护区的亚热带山地湿性常绿落叶阔叶林和针阔混交林生态系统中,无固定栖息场所。岩羊以青草和各种灌丛枝叶为食,冬季啃食枯草,常到固定的地点饮水,但在寒冷季节也舔食冰雪。冬季发情交配,次年6、7月产仔,每年通常只产1仔。

白腹锦鸡

白腹锦鸡是中国特有鸟类,国家二级重点保护野生动物。雄鸟全长100～132厘米,雌鸟全长59～85厘米。雄鸟的头、顶、背、胸等均为翠绿色;羽冠为紫红色;翎领为白色羽片,中央横纹和羽缘呈墨绿色;腹部纯白色;尾长而具墨绿色斜形带斑和云石状花纹(见图1-90)。

图1-90 白腹锦鸡(张万高 摄)

白腹锦鸡在本区主要分布于盐津县白老林、永善县五莲峰和溪洛渡等自然保护区内,栖息于海拔1000～4000米的亚热带常绿阔叶林、针阔混交林中,偶尔可见在荒山稀树灌丛、草地及农田耕作地上觅食,是比较典型的林栖雉类。

白腹锦鸡一般夜晚栖于树冠隐蔽处,白天下树在地上活动,冬季到农田附近觅食。以各种植物的茎、叶、花、果及种子为食,也吃部分昆虫,是以植物为主的杂食性鸟类。雄性白腹锦鸡羽色华丽,是一种很好的观赏鸟类。

栗喉蜂虎

栗喉蜂虎,国家二级重点保护野生动物。体重雄性 28～42 克、雌性 35～44 克,体长雄性 2.5～3 米、雌性 2.6～3.08 米。喉部是栗红色,眼前、后及覆耳羽黑色,翅膀和背部是绿色,腰和尾上覆羽鲜蓝色,尾蓝绿色。翅膀下面的羽毛是橙黄色,在阳光的照射下,它们全身闪烁着五彩斑斓的颜色,有人将它称之为"中国最美丽的鸟"之一(见图 1-91)。

图 1-91　栗喉蜂虎(宋大明　摄)

栗喉蜂虎常见于海拔 1200 米以下的环境中,本区主要分布于金沙江河谷地带。多呈数只至数十只的群体活动,结群聚于开阔地捕食,以蜻蜓、蝴蝶、蜜蜂、苍蝇等昆虫为主要食物。飞行技术高超,常栖于裸露树枝或电线上。栗喉蜂虎的繁殖期为 4-6 月。常营巢于河流、溪边较陡峭的土质岩壁上。

黑颈鹤

黑颈鹤是大型涉禽，国家一级重点保护野生动物。体长110～130厘米，颈和腿长，头、枕和整个颈部均为黑色，仅眼后及眼下有一小型白斑，头顶前方裸露皮肤呈红色，飞羽和尾羽均为黑色，其余体羽白色。

黑颈鹤栖息于海拔2500～5000米的高原沼泽地、湖泊及河滩地带，是世界上唯一生活于高原的鹤类，也是中国特产鸟类之一。主要在青海及四川北部繁殖，在云贵高原及青藏高原南部越冬。在本区，黑颈鹤主要分布于滇东北大山包、巧家县、永善县、会泽县长海子和跃进水库等地，每年农历"九月九"由四川若尔盖湿地沿邛崃山脉、大渡河南下，前期几乎沿直线南飞进入汉源县等地，再沿青藏高原东缘向四川盆地过渡的高山峡谷地带进入凉山州的山区，最后飞越金沙江到达乌蒙山区越冬。迁徙途中需要2～4天，行程大约700千米，期间停歇4次左右，第二年3月中下旬北返。黑颈鹤的越冬种群结构，一般是2只成鸟带领1只幼鸟，即以一个"小家庭"为基本群。而所谓较大的群体，则是由许多个"小家庭"组成，并在一定范围内相互靠近，进行觅食、活动和休息。也可见1只或2只单独活动。食物主要为沼泽地中的草根、水生昆虫及蚌类。

黑颈鹤选择滇东北大山包等地作为其越冬栖息地，主要是因为这些区域海拔高，气候冬寒夏凉，加上良好的湿地生态系统的多样性，为黑颈鹤的南下越冬提供了广阔的生存空间和丰富的食物来源。本区大山包是目前云贵高原上黑颈鹤在东部地区越冬种群数量最大、分布最集中的越冬栖息地。这些地区平均海拔3200米，年均温6.2℃，土壤多为暗棕壤、棕壤、亚高山草甸土，亚高山沼泽化草甸湿地分布广。大山包下层紫红色凝灰岩的阻隔作用，下渗的水在地势低洼处形成潜水或以山泉形式流出，成千上万个国家Ⅰ类水质标准的地下泉眼，为大山包湿地提供了丰富的水资源。再加上本区居民对黑颈鹤爱护有加，此区构成了一个"人鹤共居"的天堂（见图1-92）。

(a)(宋大明 摄)

(b)(张广玉 摄)

图1-92 大山包黑颈鹤

第二章　经济地理

第一节　生产力与生产方式

山地立体农业

滇东北山高谷深，地势陡峻，山地多、平地少，有"一山有四季，十里不同天"的气候特点。在立体地形和立体气候的影响下，农业的垂直地带性十分明显，形成了当地独特的山地立体农业生产格局。

根据海拔高度的不同，本区可分为低热区、中暖区和高寒区三个气候带。按照这三个不同的气候带，针对生态环境复杂、自然灾害频繁、社会经济和自然条件的差异多样等区域特点，结合滇东北高原地貌构造、立体差异的特点，当地农民根据山地垂直高度和立体气候特点因地制宜地调整农业布局，实行山地立体农业分层开发，形成一批各具特色的农业商品生产基地。

低热区，主要分布在金沙江、牛栏江、横江流域及其支流海拔2000米以下的干热河谷地带，包括南部海拔 550～2000 米的江边区、河谷区、一般山区和北部海拔 350～1100 米的江边区、河谷区。该区光热充足，但降水不足，作物可一年两熟、一年三熟和两年五熟。粮食作物以稻谷、玉米、红薯和马铃薯为主，还有甘蔗、花生、柑橘、油桐、核桃、花椒等经济作物。

中暖区，主要分布在滇东北南部大部分地区，以及北部云贵高原向四川盆地过渡地带。南部海拔在 1900～2000 米的平坝区和北部海拔在 1100～1700 米的一般山区，气候雨热同期，作物一年两熟，粮食作物以粳稻和旱粮为主，是粮食、烤烟、苹果的主产区，是该地"粮仓""果库"。草场面积广阔，被誉为中国南方优质苹果种植基地、云南省绵羊基地和绵羊改良基地。

高寒区，主要分布在滇东北南部 2000～2400 米的地段、北部海拔 1700～2200 米的高二半山区和南部海拔在 2400 米以上、北部海拔 2200 米以上的山区。这些区域气候高寒，冷涝霜冻现象严重，阴雨、雾多，粮食是耐寒品种，一年一熟。高二半山区以玉米、马铃薯为主，高寒山区以马铃薯、荞麦、燕麦为主。

总之，山地立体农业分层种植明显，低热区是本区经济林果农的集中产区，中暖区是粮、烟、经济林果综合开发区，高寒区是林业、畜牧业基地和生态屏障建设的重要地带。

山地畜牧业

山地畜牧业是指在高原、丘陵、山地地区发展的畜牧业。滇东北高原是云南省畜牧业主产区之一，区内属典型的山地构造地形，气候属亚热带、暖温带共存的高原季风立体气候，气候差异大，植被与畜禽呈明显的垂直分布，地域性强，属于典型的山地畜牧业区域。

本区地处云、贵、川三省接合部，四川盆地向云贵高原抬升的过渡地带，区内山高谷深，最高海拔 4041.6 米、最低海拔 267 米，地势起伏较大，山地面积占 72.2%，草山草坡较为广阔，占土地总面积的 40.06%。草地牧草种类复杂，可食性牧草占比较大，其中有可利用的天然牧草禾本科牧草 300 多种、豆科牧草 120 多种；有天然草场 12418 平方千米、人工草场 586 平方千米，主要包括中山疏林草丛草场、山地灌木草丛草场、山地草丛草场、山地草甸草场、农田隙地草丛草场和林间草丛草场。据统计，昭通市天然牧草平均鲜草年产量可达3189千克／公顷。广阔的天然草地有着丰富优质的牧草资源，为发展山地畜牧业创造了得天独厚的资源优势。《国家畜禽遗传资源品种名录（2021年版）》所列的乌金猪、盐津乌骨鸡、昭通牛、盐津水牛、昭通绵羊、昭通山羊、云南半细毛羊、乌蒙马、云南驴等在本区境内均有数量不等的分布，除云南半细毛羊（见图2-1）为培育品种外，其余皆为地方原有品种。

图2-1 永善县马楠乡的半细毛羊（宋大明 摄）

中山疏林草丛草场主要是森林砍伐迹地和新造林地，郁闭度小于30%，这类草场分布广而零星；山地灌木草丛草场主要分布在海拔2000米以上的山体中上部，气候为中、北温带类型；山地草丛草场多为森林砍伐迹地或退耕还林地，从江边河谷低山至中山均有分布，遍布全区，与林地、农耕地镶嵌交错，具有多宜性，利用方式转换较快；山地草甸草场主要分布在海拔3000～4000米的巧家县、昭阳区、鲁甸县等地的亚高山丘陵地带，山高水冷，光能利用率低，雨量多，雾大，土壤潮湿，导致草矮小，萌发迟，生长期短，产量低。但本区草场集中，万亩以上连片草场多分布于此，是本区绵羊的主产区；农田隙地草丛草场主要为田边地埂房前屋后的小片零星草场，水肥条件好，优质牧草多，产量高，多割草喂畜；林间草丛草场主要指森林内的小片空隙地，零星分布。

坝区稻作

滇东北的主要粮食作物是水稻。滇东北的稻作农业已经有2000多年的历史。汉代朱提（现昭通）地方官员文齐从中原地区带来稻种，在昭鲁坝区的大龙洞开凿水源，教民种植水稻，其他坝区陆续开始种植水稻。昭鲁坝、巧家坝、芒部坝和龙树坝，都是水稻种植区域，在这些山间盆地灌溉便利的地段，人们开发了圩田和冬水田，根据季节的变化适时播种插秧。目前，滇东北的水稻田多分布于境内海拔267～2250米的江边河谷、平坝和一般山区，其中宣威坝子和昭鲁坝子是水稻种植的主要地区。水稻品种以籼稻和粳稻为主。籼稻在低海拔的水富市、永善县、绥江县等地的金沙江畔多有种植；粳稻在滇东北各地均有分布。

滇东北的自然地理条件决定了这里的耕作方式相对粗放，许多农民靠天吃饭，等雨栽秧，导致水田用水供需矛盾突出。初夏时节，雨季来临的时间有时不能与水稻的生长期相适应，在自然条件和耕作技术的限制之下，滇东北的水稻产量较低，远不能与长江中下游平原相比。

屯垦

"屯垦"，既有"屯戍垦殖"的含义，也有"聚集垦荒"的意思，常常与"戍边"一起连用。中国历史上的屯垦，开发边疆、守卫边疆，以军屯和民屯为主。本区的屯垦是清雍正时期官员鄂尔泰在滇东北实行的武力改流的基础上产生的，实质是雍正时期为巩固改土归流成果的善后措施。

继鄂尔泰之后，高其倬任云贵总督，依据昭通"四面环山，兵米自外州县运往，转输不易"以及"本地田亩，颇多旷废，急宜开垦"的实际采取了大量措施。政治上，采取军屯以保障屯垦的顺利进行。行政上，一是选派有德行、清正廉明、专办垦务的官吏到昭通任职，如昭通知府徐德裕、总兵徐成贞、镇雄知州李至为开辟这片疆土做出很大的贡献；二是广招移民屯垦，给予土田、助之耕牛和谷种等，解决兵粮民食不足。文化上，大量屯垦户的进入带来了先进的生产方式和耕作技术。汉族屯垦移民的进入，改变了本区民族结构，奠定了昭通地区今天的民族分布格局。水利上，为保障屯垦的顺利和长久，广泛兴修水利，"设堰置坝，开河导流"，"浚水开渠，教以稼穑。不数年，得沃野数千亩"。通过昭通屯垦，萧条的昭通社会经济在较短时期内得到了迅速的恢复和发展，彻底改变了昭通的社会面貌，既稳定了清王朝在昭通地区的统治，又巩固了其改土归流的成果。

铜商文化

会泽产铜历史悠久，最早见于东晋永和年间（345—356）成书的《华阳国志·南中志》："堂琅县，因山名也，出银、铅、白铜，杂药有堂琅附子。"当时的堂琅县，包括今天云南省的东川区、曲靖市的会泽县和昭通市的巧家县等区域，其产铜被称为"堂琅铜"。会泽县作为云南省铜矿资源最丰富、开发最早的地区，创造了历史上三次辉煌的"铜商文化"。

第一次辉煌是商代晚期，河南安阳殷墟妇好墓出土的青铜器的原料不产于中原和其他地区，而是产自本区会泽等地。据此，会泽等地铜矿的开采距今已有3200余年的历史。

第二次辉煌是以堂琅铜洗和白铜的发明为典型代表。会泽等地因其丰富的铜矿资源，汉武帝建元六年（前135）就于此设置堂琅县，随着中原汉文化的进入，铜的开采和青铜器冶炼、锻造进入全新时期，东汉时期制造的堂琅铜洗，其铸造和锻打工艺均处于全国领先水平；三国两晋时期，产生的铜与镍的合金——白铜，为会泽等地最早发明创造。据《世界冶金发展史》记载，在欧洲，镍18世纪才由瑞典人康郎士达首次发现，会泽等地比欧洲早1500余年。

第三次辉煌是随指"滇铜京运"奇观。清朝中叶，会泽等地铜业鼎盛，京铜运送持续时间之长、运程之遥、道路之险，以及对外影响之深远、贡献之大，在中国乃至世界冶金史上都十分罕见。

铜商文化是随以铜矿业为主的开采、冶炼、鼓铸、京运、加工及其经济活动而产生的文化现象，是会泽等地别于其他历史文化名城最具个性魅力的独特文化。它不仅促进了地方生产力的发展，而且促使儒家文化加速成为会泽文化的主流，也形成了内涵极为丰富的建筑文化。

"滇铜京运"

"滇铜京运"系指清代会泽所产之铜除供云南鼓铸外，大部分运往北京、陕西、江南等地鼓铸制钱。"滇铜京运"是清朝至民国时期政府的要务之一，历时180余年之久。它是清政府为了缓解铜产不足，整顿国内私铸之风，采取将铜运往北京等地铸币的政策基础上形成的一个宏大工程。

铜是清政府铸币的主要原料之一。清初中国中原地区的铜矿产地已经耗竭，中国铸币用铜几乎全部来自日本，形成铜币鼓铸"惟需东洋条铜"的严重局面。自日本德川幕府开始实行"锁国政策"，清朝洋铜输入锐减，国内"铜荒"严重，滇铜开采才提上了日程。乾隆三年（1738），清政府全面停止采办日本洋铜，转购滇铜，额定"滇铜京运"指标为444万斤，至乾隆六年（1741），提高到每年633.14万斤，均由东川府（会泽）所属铜厂完成。

滇铜主要产区是滇东北地区会泽县，占全省铜产量的74.15%，占全国铜产量的62%。"滇铜京运"全程5200多千米，有水路和陆路，沿途需耗时1年左右。"滇铜京运"持续180余年，对本区社会经济和文化建设产生了广泛而深远的影响。据《清史稿·食货志》记载，清政府每年要拿出国库银100多万两来办理京铜，这无疑极大地刺激了云南铜业生产，促进了本区交通的发展。这一时期，清政府出于运输滇铜的目的，大力修治了滇东北地区通往各地的水陆交通道路，如整修五尺道、开通金沙江航道（见图2-2）和横江河道，因而形成了会泽独特的铜商文化。以会泽县为中心遗存诸多"铜商文化"，会泽县是"滇铜京运"的起点，被誉为"滇铜京运第一城"，是铜运的组织、集散、交易中心。而娜姑镇白雾村是"滇铜京运第一站"的中心区，铜运古道交会于此，增加了沿途地区民工劳动就业和下层官员增收的机会。但是，自清代中叶以来滇东北地区的铜矿开发，也给本区带来了巨大的环境灾难，它使滇东北地区的森林覆盖率下降了约20%，导致本区水土流失日益严重。

图2-2 金沙江银铜古栈道（宋大明 摄）

注：金沙江银铜古栈道约在清雍正年间开辟，它是"朱提银"和"滇铜京运"的最早通道，见证了持续百年的滇东北"京铜外运"的历史。这条穿越了金沙江和乌蒙山悬崖绝壁之上的险峻崎岖古道，构筑起了中国古代社会里非常重要的一条"经济生命线"，如今因溪洛渡水库的建设而沉没江中。

五尺道

关于何谓"五尺道"，学界持两种观点：一种认为是行政区划，另一种认为是一条道路。争议源于对"道"字的解读。云南师范大学傅于尧先生撰文《秦"五尺道"新考》认为，秦、汉时期，称为"道"者，乃是县级行政区域单位，因有"五尺夷"而置"五尺道"的行政单位。据《史记·西南夷列传》记载："谓栈道广五尺。"参照学者们的驳论、文献梳理和众多专家对五尺道的实地考察，人们认为五尺道是一条路宽五尺的道路，所以称之为"五尺道"，这也是多数学者、专家所认同的定义。唐代，因道路途经石门关（今盐津县豆沙关），五尺道易名"石门道"。

五尺道修建起始时间也有两种说法。据《史记·西南夷列传》记载："秦时，常頞略通五尺道，诸此国颇置吏焉。十余岁，秦灭。"即秦统一中国以后，秦始皇派遣常頞经营开通五尺道，并在五尺道沿线各地，按照秦制设立官吏管理，时间应为公元前226—前216年。东晋《华阳国志·南中志》《海录碎事》均记载："秦并蜀，通五尺道，置吏主之。汉兴，遂不宾。"即五尺道开通时间应为秦惠文王时期秦灭蜀国，公元前316年。实际上，五尺道这一条巴蜀通往云贵的道路，沿途山势峻峭，开通经历百年时间。秦惠文王在灭掉蜀国以后，为经营蜀中地区，就开始了五尺道的修建，至秦始皇统一六国后，为进一步加强对西南地区的经营，便派常頞去经略此地，因此这项工程的建设延续了近百年的时间才完成，与文献记载的百年跨度时间并不矛盾。

五尺道北起于蜀僰道县（今四川省宜宾市）南广镇，经高县、筠连、盐津、大关、昭通、威宁、宣威到达建宁（今曲靖），全长1000余千米。本区境内豆沙关（见图2-3）至今还保存着一段长约350米的遗迹，路面留有数十个马蹄印，见证了人背马驮时代的繁荣（见图2-4）。

图2-3　豆沙关（宋大明 摄）　　图2-4　五尺道上马蹄印（闫元江 摄）

五尺道是秦代开辟的一条连接中原、四川与云南最古老的官道、商道，是2000多年前秦朝庞大的路网中最长远的一条道路；为入滇的一条重要通道，五尺道的开辟使得今滇东北地区进入了秦帝国的行政管辖范围；是西南"丝绸之路"的组成部分，促进了西南地区的经济开发，使云南与中原地区的经济文化交流更加密切。

南夷道

据《史记》《汉书》等文献记载，西汉时期，为了联合夜郎国（今贵州西部等地）对付日渐强大、与中央分庭抗礼的南越王国，汉武帝派都尉唐蒙奉命修路。在耗费了数万人的精力，历经十余年时间后，进入夜郎国的道路终于开通，这条路就是南夷道（见图2-5）。

南夷道是在秦五尺道基础上进行拓修，从僰道（今四川宜宾市）出发途经南广县（今高县、筠连、盐津、大关、彝良、镇雄一带）、平夷县、汉阳县（今威宁、水城、六枝特区），沿符河水（今南广河）、筠连河、羊官水（今横江）到曲靖牂牁江（今北盘江），

图2-5　五尺道与南夷道

因路通过当时"南夷"之地，史称"南夷道"。此道因系汉代都尉唐蒙主持修筑，又称"唐蒙道"，所经昭通称"朱提"，因此又称"朱提道"。

南夷道的开通，一是打破了夜郎国的封闭状态，将夜郎地区与巴蜀腹心地带连为一体，中原及巴蜀文明源源不断地传入夜郎地区；二是实现了汉武帝平

定南越王国的目的。汉朝开通南夷道的最初目的虽是平定南越动乱，但此路的开辟无疑加深了夜郎、云南及整个西南民族地区同巴蜀、中原的交流，促进了云贵高原同中原经济、文化的交往。

娜姑古驿道

娜姑古驿道形成于先秦，是西南夷道的重要组成部分。汉、晋时是四川会理、会东进出云南的主要通道。从四川会理、会东渡金沙江可达巧家蒙姑，从蒙姑往东行，经娜姑可达会泽，全长 67 千米，再由会泽北可至昭通、宜宾，南可至昆明，东南可至曲靖，是中原文化、蜀文化、楚文化与土著夷文化长期相互影响的重要通道。

娜姑古驿道现存云峰古驿道和石匠房铜运古道。

云峰古驿道遗迹保存较好的只有两段：一段位于云峰村的山梁上，长约 1 千米左右，道路用石灰岩块石铺砌，局部地段直接在地表裸露的石灰岩上开凿而成；另一段位于云峰村至大闸村之间，长 2.8 千米，路面全用不规则的红砂块石铺成，路面宽约 2 米，坡道及弯道处均铺砌成台阶，弯道处宽 3 米以上。由于使用时间较长，人畜往来频繁，路面的石块上踏痕累累，蹄印斑斑，直到今天，此段道路仍在使用。

石匠房铜运古道，位于娜姑镇西北的小江口至小田坝村的盐水河峡谷。古道建于清乾隆五十二年（1787），历时 4 年完工，其中有 1 千米是在崖壁上开凿隧道而成。石匠房铜运古道自象鼻岭起，通往东川府（现会泽县），是东川京铜旱路运输改为横江水运的一段陆路古道。石匠房铜运古道最惊心动魄的一段，是从直立的山崖开凿的一段隧道，它是中国古道路史上较艰巨的工程之一。

五道同关

五道同关位于云南盐津县豆沙古镇境内的豆沙关，又称"石门关"。历史上，这里一直被视为交通要冲。秦代五尺道、汉代南夷道、唐代石门道在此重叠，形成古老的五尺道与当代的 325 省道（昆水公路）、内昆铁路、渝昆高速公路和关河水路古今五道纵贯于此的交通奇观（见图 2-6）。

图 2-6　五道同关（宋大明　摄）

①关河水路；②五尺道；③325 省道；④内昆铁路；⑤渝昆高速公路

水富港

水富港位于"云南北大门"水富市金沙江与横江汇合处，地处长江经济带、成渝经济带和滇中城市经济圈三大经济区域交汇点，扼守滇、川来往之要冲，是云南省融入长江经济带，通往华中地区和华东地区的重要门户，是云南省内河运输第一大港，被誉为"万里长江第一港"。

水富港历史悠久，古代在这里转运"京铜"和盐。原为自然岸坡船舶靠泊点，但为满足云天化大件运输需要，1974 年正式启动水富港口建设。2005 年交通部（现交通运输部）作出了"合力建设长江黄金水道,促进沿江经济发展"的重大决策,并确定将中国最重要的水运"黄金大通道"长江干流航道延伸 28 千米至云南省水富港,从此,水富港成为著名的"万里长江第一港"而取代了四川省的宜宾港。水富港现有杂货码头、煤码头和云天化大件专用码头,配备 3 艘囤船,是长江上游、金沙江下游能够实现 2000 吨级以上船舶通江达海的重要枢纽港。千吨级船舶从这里起航,沿长江黄金水道可达重庆、武汉、南京和上海等重要港口。

水富港对区域间物资交流和经济发展起着重要作用,已成为云南省长江上游水陆联运的物流中心、川滇水陆交通枢纽和滇东北货物集散中心。水富港依托其独特的区位优势和地缘优势,将滇东北乃至云南省与长江经济带、成渝经济带连接起来,将本区特色资源、高原特色农产品源源不断地输送到长江流域及沿海地区。而外贸集装箱货物也可以通过水富港进行水陆中转运往东南亚和南亚地区。可见,水富港是本区对外开放的重要枢纽。

千顷池

2000 多年前,昭通坝子的地势低洼处积水盈尺,周回近千里,故称"千顷池"。

关于"千顷池"的记载,最早见于魏晋时期的著述。《太平御览》卷七九一引《永昌郡传》记载:"朱提郡在犍为南千八百里,治朱提县,川中纵广五六十里有大泉池水,僰名千顷池。又有龙池,以灌溉种稻。与僰道接。"《续汉书·郡国志》引注《华阳国志·南中志》谓:"(朱提)县有大渊池水,名千顷池。西南二里有堂琅山,多毒草。盛夏之月,飞鸟过之,不能去。"文中提到的"朱提"即今昭通市、东川区、威宁县一带。吕调阳在《汉书·地理志详释》记载:"朱提在今昭通府,府南有小长海,水名千顷池。"方国瑜在《中国西南历史地理考释》记载:"盖千顷池周四十七里,当即今昭通、鲁甸交界之八仙海水,流入洒渔河。"这些文献成为古代昭通坝子存在曾"千顷池"的最原始依据。

关于"千顷池"的范围和存在时间,引注李正清《朱提的由来及其它》,认为"千顷池"是由昭鲁坝子中的四个海子组成:其一,为"八仙海",位于今昭通城东十里的水井湾，清雍正年间开凿干河将池水放干作为良田；其二，为"千顷池"的正海，它东起凤凰山麓，南至今昭鲁交界的海边，西接锦屏山下的打渔村，北滨现昭通城南门，东北绕罗杉丘陵斜插到九龙山前的后海，汪洋五六十里，几尽昭鲁坝子之半，凿老鸦崖，水随昭鲁河流注洒渔河；其三，为永乐海，横溢今昭通机场，清末凿通响水，开瓦窑河泄入昭鲁河；其四，为葫芦口，位于鲁甸县城北部，因海子形似葫芦而得名，于20世纪50年代末被抽干。

"文齐穿龙池"

兴水利、除水害，是农业生产的必经之路。昭通农业始于新石器时代，但远古的农田水利情况没有充分的历史资料可供证明。"文齐穿龙池"可以说是本区历史上较早兴修的水利工程之一。"穿"即开凿，"龙池"即今昭通大龙洞水源，指文齐任益州太守期间，率领彝、汉族人民兴修水利，引大龙洞之水灌溉农田和供居民饮用。

西晋左思在《蜀都赋》中称"龙池濛瀑溃其隈"；晋人刘逵注"龙池在朱提南十里（《续汉志》注引作数十里），池周四十七里"；《永昌郡传》记载朱提县"有龙池以灌溉种稻"；《华阳国志》记载"朱提郡，本犍为南部，孝武帝元封二年置"，"先有梓潼文齐，初为属国，穿龙池，溉稻田，为民兴利"，"造开稻田，民成赖之"；《后汉书·西南夷传》记载文齐在本区"造起陂池，开通灌溉，垦田二千余顷"；民国年间成书的《云南省各县区域全图》记载"龙池南北长二十里，周回约三十里"。诸多文献均指出龙池在朱提县，水域范围较为广阔，文齐在朱提开始了大规模的农田水利建设工程，用以灌溉田地，垦荒造田，极大地造福了当地百姓。文齐，不仅是西汉末年在昭通开创农田水利工程的第一人，也是较早在云南开发农田水利工程者之一。

但是关于"龙池"在朱提县的具体地理位置、范围问题，专家学者却持有3种不同的见解：第一种认为"龙池"是昭鲁坝子西南约40米的"八仙海"，"穿龙池"的文齐在此造起陂池，开凿水渠，引八仙海水灌溉农田；第二种认为"龙池"就是本区的"千顷池","八仙海"系"千顷池"的组分;第三种认为"龙池"是昭通的大龙洞。经文献考证和综合多数学者的观点,人们普遍认为"龙池"只是"千顷池"的一个组成部分,是本区经大龙洞凿穿龙池,开渠引大龙洞水流灌溉农田而为民兴利的水利工程。现大龙洞景观见图2-7。

图2-7 现大龙洞景观(杨德明 摄)

义通河

义通河的称谓源自人名,即义宁使该河"通"也。义宁,满洲正白旗人,进士出身,曾任东川知府,在前人修筑的基础上,完善和连通所修河道。义通河系人工灌渠,古义通河于清雍正五年(1727)修建,乾隆二十一年(1756)完工。其源出于灈河头,起于马鞍山下,汇小龙潭水,再引以礼河水归义通河,由东向西,沿金钟坝子南部边缘蜿蜒而流,至华宜(泥)寨汇入中、右两河,贯穿西、北门。全长17.46千米,流量5立方米每秒,灌溉面积16.67平方千米。义通河因引以礼河水又归于以礼河床流出,被后人称之为"借水还水"的水利工程,使整个工程引、灌、蓄形成了一个系统。

义通河运行近300年,见证了会泽县各历史时期社会发展状况。清朝和民国时期，义通河发挥灌溉、水运、城池防御功能，如引以礼河水灌溉蔓海田亩；义通河可通舟楫，将城中所需木材转运到城中各处。义通河虽经朝代更迭、变迁，如今依然造福当地人民，对防洪、灌溉、排涝渍、水运，以及城市工业用水、排污、泥沙治理和环境保护等方面有重大作用，最大限度地满足了当地水资源综合开发利用的要求。

渔洞水库

渔洞水库位于滇东北高原西北部、乌蒙山的北缘、金沙江流域横江支流居乐河上，是一座以农业灌溉为主，兼有发电、防洪、旅游、工矿和城市生活供水及向下游梯级电站补水等综合利用的国家大型水库（见图2-8、图2-9、图2-10）。

图 2-8　渔洞水库鸟瞰（宋大明　摄）

图 2-9　渔洞水库之秋（邓敏　摄）　　图 2-10　渔洞水库瑞雪（邓敏　摄）

渔洞水库属于峡谷型水库，库区内涉及昭阳区、鲁甸县和永善县3个县区的多个乡镇与自然村。径流面积709平方千米，多年平均径流量3.65亿立方米。流域上游区域大部分属高二半山区和高寒冷凉山区，气候以北温带气候为主，冷凉，多年平均降水量达1000毫米；水库库岸曲折，周围地形复杂；水系发育，河谷深切，地貌以中山山原为主，高山深谷相间分布；土壤主要为黄壤土和紫色土，局部有红壤分布；森林覆盖率为34.2%。

渔洞水库是昭通市昭阳区主要的城市饮用水源，但库区生态环境影响到水库的水质，现水质大多在Ⅱ到Ⅲ类之间，保护库区生态环境和水质，实现本区水资源的可持续利用是关键。

省（xǐng）耕塘

省耕塘位于昭阳区北部新区，北靠国学路，东临昭通大道。省耕塘总建设用地面积为655497平方米。关于"省耕"一词中"省"，不读"shěng"而读"xǐng"。据文献和学者认为，省耕塘有以下三种来源。其一，最早见于《孟子·梁惠王下》记载古代帝王视察春耕，"春省耕而补不足，秋省敛而助不给"。说的是春天视察耕作情况，补助（种子、耕力）不足，秋天视察收获情况，周济歉收。其二，是清代昭通镇总兵徐成贞所作的《省耕塘碑序》介绍了省耕塘修建的起因，"浚省耕塘为劝农之场"。滇东北实施改土归流后，清政府把恢复农业生产作为当时昭通地方治理的当务之急。徐成贞为发展农业，开挖洼地，引水成塘，修建省耕塘农田水利工程，命名为"省耕塘"，并告诫老百姓要以农为本，勤于耕作。省耕塘的修建，对当时昭通府恩安县的农业恢复起到了极大的推动作用，灌溉使农田生产得到保障。其三，是每日三省，"省"是反省之意。

2015年,省耕塘扩建,以其独特的"国学"文化概念,融入本土自然生态理念，将治山理水和造景筑园有机结合，形成良好的人文与自然有机结合的国学文化公园。打造了7个主题文化广场：诸子百家广场、天时文化广场、孔子文化广场、诗词歌赋广场、琴棋书画广场、二十四孝广场、五禽戏广场。其中，诸子百家广场将孔子、老子、墨子、孙武、商鞅、邹衍、虞初、许行、扁鹊、鬼谷子、吕不韦、公孙龙与昭通本土有密切联系的传说人物，如望帝杜宇、治水功臣文齐、地方军政长官徐成贞、曾经受封的乌蒙王阿杓等汇聚一堂，这样的组合既有典范而又不落俗套，彰显出国学文化的博大精深和包容。

钱王"嘉靖通宝"

明嘉靖三十四年（1555），朝廷令云南鼓铸造币，东川府因其丰富的铜矿资源，符合"即山鼓铸"诏令的精神，于是设炉造币，铸造了一枚具有一定历史意义的纪念币——嘉靖通宝。雍正十二年（1734），会泽于县城外的东面成立"宝云"铸钱局时，这枚纪念币就作为东川铸钱的始祖被保存下来，会泽由此被誉为"钱王之乡"。

"嘉靖通宝"为方孔圆钱，直径58厘米，重41.5千克，厚3.5厘米，钱面铸"嘉靖通宝"四字，每字大小为17厘米×18厘米，文对读，魏碑书体，古朴凝重，穿径10.3厘米，有内外廓，外廓宽3.5厘米、厚3.7厘米，内廓宽窄不等，为2.4～3.4厘米，取样分析化验，含铜90.81%、铅0.584%、锌0.532%、铁3%、银若干等。在迄今世界上所发现的金属币中，"嘉靖通宝"不论是重量还是直径，堪称世界古钱币之最，并获上海大世界基尼斯之最（见图2-11）。

图2-11　钱王"嘉靖通宝"（张广玉　摄）

第二节　物产

堂琅铜洗

铜洗，是指用铜制造的洗盥用器，因主要产自本区堂琅县而得名"堂琅铜洗"。东汉时期,由于封建王朝在朱提(今昭通)地区安置屯戍、兴办农田水利,滇东北的社会经济有了很大发展,中原地区的汉族工匠大量进入堂琅,利用当地丰富的矿产资源,冶炼、锻造青铜器,其中以朱提堂琅铜洗最为出名。

堂琅铜洗为脸盆状,口沿有唇外侈,鼓腹,平底,腹有弦纹,器内底部铸有花纹图案,中央夹一行铭文,说明铸造的年代和产地,如"建初元年堂琅造",即东汉建初元年(公元76)堂琅制造。发现最早的为建初元年(公元76)堂琅造,为东汉章帝时物;最晚的为建宁四年(171)堂琅造,为汉灵帝时物;出土较远的是在陕西勉县出土的铭文为"元兴元年堂琅造"的铜洗。堂琅铜洗继承和发展了薄壁铸造技术,造型精巧、做工考究,壁薄如瓷器。铜洗的铭文为篆体,是滇中最早使用汉字的实物物证。可见,会泽制造的堂琅铜洗不仅数量多、流通区域广,而且质量好、价值高,是研究中原汉文化对云南文化所产生直接影响最早的实物资料,在冶金史上有一定的地位(见图2-12、图2-13)。

图2-12　汉代铜洗
（邓敏　摄）

图2-13　"永建五年朱提造"铜洗
（邓敏　摄）

"搬不完的昭通"

"搬不完的昭通,填不满的叙府",这一脍炙人口的谚语在四川的宜宾市与云南的昭通市广为流传。它表明,在历史上,昭通、叙府(今宜宾)两地在资源和商品贸易上的某种特殊关系和繁荣景象。但它出自何时、出自何口(典籍)却是众说纷纭。据文献考证和一些学者的观点,此谚语出现的时间大约是在清末后期或民国前期。

昭通,古称"朱提"("朱"读 shū、"提"读 shí)。据《清史稿·地理志二十一》记载,雍正九年(1731),云贵总督鄂尔泰改乌蒙府为昭通府,取名"昭明宣通"之意,由此推测"昭通"的称谓已有290余年的历史。宜宾,秦汉称"僰道"、南朝梁称"戎州"、北宋中期改称"叙州"、明改"叙州路"为"叙州府",清沿袭明代续置"叙州府","叙府"一称则因"叙州府"而来,因此"叙府"一说或有700余年的历史。

在明代,昭通隶属于四川省,叙府、昭通两地的商贾往来不存在省际交往。昭通自然条件优越,自然资源丰富。而叙府区位独特,地处金沙江、岷江、长江"三江"汇合之利,是滇、川、黔三省的交通要冲和物流的集散地,进入清末民初时,宜宾真正成了"水陆交汇、贸易四达"的地方,成为商贸省际区域中心。陆路交通沿袭五尺道,水路依靠"三江"便利的水运,宜宾不仅接纳了昭通乃至滇、黔的矿产,还接纳了大宗的山货和珍贵药材,宜宾与滇、黔的交往更加密切,交易日益扩大。从此民间便有了"搬不完的昭通、填不满的叙府"的说法。"搬不完的昭通"也是如今本区丰富的矿产资源、生物资源的真实写照。

会泽生斑铜

斑铜,因其表面有离奇闪耀、金红交错的结晶斑纹而得名,比普通的铜更为瑰丽和独特,光、色、影互相辉映,显出斑驳陆离的神秘外表。斑铜制作工艺创于明末,兴盛于清代,到了民国初年达到鼎盛。

按照制作工艺,斑铜分为"生斑"和"熟斑"两种。熟斑是以冶炼成形的红铜块,经过一系列浇铸成形、磨光,用化学药品着色显斑等特殊工艺处理而成。其产品较厚重,无焊口,斑纹的花形较大,呈红色。由于采用铸造方法,成形性能好,品种较多，多为花瓶、香炉器皿、墨盒文具和动物造型。生斑是以天然铜块制成。会泽斑铜工艺，即指闻名遐迩的生斑，不能冶炼，遇高温即丧失斑纹，只能在低温下锻打，因此也称为"锻打生斑铜"。生斑难以完成复杂的造型，但锻打延展成片后，在樱桃色或桔黄咖啡色中闪烁着金黄交错的奇妙斑纹，民间称为"板壁铜"。生斑铜的辨别方法在于色泽和斑花。会泽生斑铜所用原料是含铜量达90%的自然铜，原料稀少、弥足珍贵，主要分布在铜厂坡、篦子坡、炉房沟等地，现已不易得到（见图2-14、图2-15）。

图2-14　会泽生斑铜（王华　摄）

图2-15　斑铜世家第八代传人张兴元家斑铜手工作坊（张勇　摄）

生斑铜工艺品要经过选料、锻打、制坯、打磨、烧斑、淖斑、清面、护斑等工序才能制成，而有些工序秘而不宣。斑铜工艺品主要有香炉、花瓶及一些动物造型。生斑铜的色泽鲜亮，熠熠生辉，主要有褐红色、金黄色、樱桃色、古铜色、朱砂色等，其中褐红色为上乘之作，金黄色次之。生斑作品的色泽由原料，即自然铜的物理特性所决定，人为技能无法控制。好的生斑工艺品因其褐红色表面显出离奇闪烁、艳丽斑驳、变化微妙的斑花，被誉为"金属宝石"。

滇东北铅锌矿

滇东北地区是我国重要的铅锌成矿区之一，铅锌矿是本区的优势矿产之一，铅锌品位较高。铅矿石平均品位全区为 2.66%，高于云南省 1.8%、全国 1.1% 的水平；锌平均品位全区为 5.67%，高于云南省 5.65%、全国 2.67% 的水平。锌铅比为 3∶1，锌铅比及伴生元素含量高于全国平均含量，是我国研究铅锌矿床特征、成矿规律和矿床成因的有利地区。

滇东北铅锌矿主要分布在金沙江成矿带及次级的金阳成矿带、莲峰成矿带、昭鲁成矿带、洛泽河成矿带附近的巧家、永善、彝良、鲁甸、昭阳等县（区），镇雄、盐津等县虽有铅锌矿床分布，但规模较小。本区有巧家县茂租铅锌矿 1 个大型矿床；永善县金沙厂铅锌矿、彝良县毛坪铅锌矿 2 个中型矿床；彝良县洛泽河矿区、彝良县龙街矿区、巧家县周家老洞、鲁甸县火德红、盐津县落茨坝 5 个小型矿床。

本区的铅锌矿床，多受地层与地质构造的双重控制，分布在大断裂附近或断裂、构造交会、重合地带，在构造有利部位，遇有含矿地层分布往往可发现铅锌矿。其中，金阳成矿带上茂租铅锌矿和巧家县东坪矿区就处于小江断裂和金阳断裂带的南端，是区内重要的成矿带；莲峰成矿带上的金沙铅锌矿床位于莲峰断褶带上，处于莲峰断裂与洒渔河断裂之间；昭鲁成矿带上的鲁甸县火德红矿床位于昭鲁断褶带的南缘，处于洒渔河断裂与迤车断裂之间；洛泽河成矿带上分布有彝良县毛坪铅锌矿、洛泽河矿区、龙街矿区等。远在秦汉时期，本区的铅锌银矿就被开采利用，尤以魏晋南北朝时开采旺盛。千余年来，几经盛衰。人们利用铅锌矿提炼的铅、锌以及附生的其他矿产资源创造了巨大的经济效益。

朱提银

早在秦汉时期，昭通就是闻名全国的朱提银的产地，银矿资源丰富。朱提也是因朱提银而闻名于世的。《汉书·地理志》记载："东汉开始，犍为郡的朱提、堂琅出产铜、银、铅。"朱提即今昭通，堂琅即今巧家县、会泽县、东川区一带。可见当时区内的矿冶业已较盛行（见图2-16）。

图2-16 朱提银（邓敏 摄）

西汉时期，朱提银充作货币以资全国之用，银质居全国之冠。朱提银以成色好而著称，中原将朱提银作为高质银的代称，曾称著于汉晋等时期。《汉书·王莽传》记载：西汉末年，王莽篡夺了政权后便于始建国二年（公元10年）进行货改革，将全国通用货币分为金、银、龟、贝、钱五品，名曰"宝货"，其中银货是二品，按当时银货同钱货的比值，银货以重八两为一流，值小钱千铢，昭通出产的朱提银以其成色好，含纯银比重大，每流值1580铢，其他银每流值千铢。朱提银誉满全国，价格比普通银高出许多。自此，唐代诗人韩愈说："我有双饮盏，其银得朱提。"

对于云南银矿之丰富，明代《天工开物》论述较多："凡银中国所出：燕、齐诸道，则地气寒而石骨薄，不产金、银。然合八省（浙江、福建、江西、湖南、贵州、河南、四川、甘肃）所生，不敌云南之半，故开矿煎银，惟滇中可永行也。"《滇系·赋产》云："银亦上币，军国之巨政也。中国货币尽出于滇，次则岭粤之花银，来自洋舶，他无出也。昔滇产银盛时，内则昭通之乐马，外则永昌之募龙（今属缅甸），岁出银不赀，故南中富足，且利天下。"清乾隆时期，本区鲁甸乐马的朱提银税占全国银税的大半，在当时全省八大银矿中就已名列第二位。《云南通志》记载：朱提银产于鲁甸之乐马银铅矿中，当时是全省最大的银厂。在古代，朱提银多从方铅矿中提取。朱提银，在过去相当长时期的全国货币流通市场上，作为优质银的代称，被当作中国白银的代名词，在中国金融史上产生过重大的影响（见图2-17）。

图 2-17 朱提银制作场景（邓敏 摄）

昭通褐煤田

滇东北高原蕴藏着丰富的煤，具有成煤早、成煤时期多的特点，主要有褐煤、焦煤、贫煤、无烟煤。早石炭纪为无烟煤，早二叠纪为焦煤和无烟煤，晚二叠纪为无烟煤、盆煤和焦煤，新三纪为褐煤。其中，昭通褐煤田位于滇东北乌蒙山北部昭鲁坝内，属于第三纪年轻褐煤资源，呈东北—西南走向。全区褐煤资源总储量约 84.45 亿吨，占云南全省褐煤资源的 56.28%，是我国南方最大的褐煤田。晚第三纪昭通盆地褐煤煤层最厚 271 米，平均厚度为 114 米。

昭通坝子属于典型的岩溶侵蚀坝，有利于巨厚褐煤沉积。褐煤自南向北厚度由厚层变为巨厚，灰分由斜边缘至中心由高变低，硫分自煤层顶部往下则由低变高，这使得昭通褐煤具有分布广、煤层稳定、平缓、厚度大、埋藏浅、易开采、水分含量较高和热量低的特点。昭通褐煤煤化程度低且储存在难以疏干的含水层中，水分含量较高，原煤全水分含量高达 50%以上，导致褐煤的开采利用和运输成本高。受滇东北高原独特的喀斯特地貌和地球化学作用的影响，昭通褐煤在形成过程中掺杂了大量的石灰岩物质，褐煤中灰分含量较高，占原煤含量的 20%～30%，从而直接影响到昭通褐煤的热值，导致昭通褐煤热值远低于国家标准的低热值煤指标的下线值。昭通褐煤在开采过程中主要是较大的煤块，颗粒尺寸在 25 毫米以上的煤块占 75%以上，但是经过露天风干后煤块容易碎裂，机械强度明显降低，不利于远距离的运输。目前，昭通褐煤多为民用燃料（见图 2-18）。

图 2-18　甘河褐煤出露区（邓敏　摄）

昭通荞麦

荞麦又叫"乌麦""花麦""三角麦",俗称"荞子"。属蓼科,为一年生草本植物。茎有分枝而不分蘖,三角形叶片,三角形瘦果,雌雄同株同花。昭通荞麦栽培历史悠久,从江边河谷、平坝、山区到高寒山区,从海拔300～3200米均有栽培。荞麦是杂粮中面积、产量最多的作物。根据地形和不同气候类型,可将荞麦分为海拔2500米以上的一季春播区、江边河谷到平坝一般山区的一年两熟制秋播区及海拔2200～2600米的春播、秋播交错区。品种分甜荞和苦荞,类型有50余个,滇东北地区多数种植苦荞麦。当地农民的叫法很多,有大白圆籽荞、小白圆籽荞、红秆青皮荞、白秆青皮荞、猫属荞、长若荞、棱角荞、老鸦荞、六月黄、线荞、红花荞、白花荞等。大面种植的有凉山苦荞、九江苦荞等。

昭通为荞麦原产地之一。境内大关和永善两县毗邻一带的荒坡上仍然生长着原始的荞麦品种。在3000多年前,荞麦由野生经人工选育成为现代荞麦。荞麦一般种植在地广人稀、土地瘠薄、气候冷凉、生产条件差、耕作栽培技术落后的边远山区,从种到收只需60～80天。本区境内立体气候突出,高二半山和高寒山区均可种植春、秋两季。气候冷凉、昼夜温差大,此气候条件又有利于荞麦营养物质积累,生产出的荞麦籽粒大,荞麦产量高、品质好。

本区在二半山区以上生活的农民,不仅在食物方面以荞麦为生,而且在文化上也保留了"荞麦"命名的地方文化元素,如彝良县的荞山、巧家县的荞麦地、荞麦地河等。在清朝和民国年间,农民受地主的压迫,用"苦荞粑"诉说苦况。用昭通荞麦加工的食品有荞粑粑、荞米线、荞凉粉、荞糕、荞饼、荞麦挂面、苦荞茶等(见图2-19)。荞麦既是重要的山地谷类作物,

图2-19 荞粑粑(邓敏 摄)

又是理想的治疗药品之一。据有关古籍医书记载,"荞麦可实肠胃,益气力,续精神",荞麦对肺病、肝脏病、糖尿病、痢疾等疾病有明显的治疗作用。又因荞麦在生产中不施用化肥、农药,所以昭通生产的荞麦产品备受国内外特别是日本、韩国等亚洲国家消费者欢迎,是重要的出口农产品。

昭通马铃薯

马铃薯,又名"土豆""洋芋"。明末清初,滇东北地区就已开始种植马铃薯。滇东北的气候条件和土壤条件很适合马铃薯的生长习性。高产量的优质马铃薯不仅解决了当地百姓的口粮问题,"饥馑之岁,民多赖以全活",而且使其扩展到深山老林和不毛之地,扩大了农业耕作区(见图2-20)。

滇东北的气候环境与马铃薯原产地相近,此区是世界马铃薯种薯扩繁最适宜的地区之一,非常适宜种植马铃薯,是云南省马铃薯主产

图2-20 昭通马铃薯(宋大明 摄)

区,享有"世界马铃薯高原种薯之都""中国南方马铃薯种薯之乡""洋芋帝国"等美誉。本区海拔1700米以上的区域为马铃薯主产区,冬季气温较低,夏季气候凉爽,干湿两季分明。因海拔高,立体气候突出,从高山山区到河谷地区,一年四季均可种植马铃薯,而且土壤疏松,通常为沙质或灰色土壤,非常有利于马铃薯的生长和它的块茎的膨大。

马铃薯具有较高的营养价值,是粮食和蔬菜兼用的作物,又是优质饲料,还是食品加工业及多种工业的原料。马铃薯已经成为昭通的第二大粮食作物,大春、早冬、晚秋三季共种植马铃薯1981平方千米,种植面积约占云南省的1/3,在云南省排名第二,脱毒良种覆盖率达到65%,占本区农作物播种面积的18%。目前,已建立镇雄县、昭阳区、永善县、巧家县、威信县、彝良县、鲁甸

县 7 个核心产区，其中镇雄县的种植面积最广。借助独特的地理气候条件优势，昭通市将建成中国南方马铃薯种薯基地，本区生产的脱毒种薯，与北方种薯相比，不但可以用于当地种植，而且特别适应南方产区的需求，具有较强的抗病能力、较为适宜的休眠期、较为合适的价格。但由于滇东北地区山高坡陡，农业机械化程度低，生产效率较低，种植成本高，对马铃薯规模化生产产生一定的影响。

乐业辣椒

乐业辣椒是会泽县的地方特色农产品，因原产于乐业槽子而得名，具有400余年的栽培历史。会泽县具有"中国辣椒之乡""中国辣椒百强县"的美誉，乐业镇享有"中国辣椒第一镇"的美誉。

由于乐业辣椒特有的耐旱性、耐瘠性和抗病性，非常适合会泽县的山区土地，是当地山区农民脱贫致富首选的经济作物。会泽县属高海拔、低纬度地区南温带高原季风气候，绝大部分地区夏秋光照充足、雨量充沛、昼夜温差大、土质深厚、水源良好，且无工业污染、空气质量高，使这里成为辣椒生长得天独厚的好地方。会泽县良好的自然生态环境有利于辣椒中干物质的形成和积累，易于形成优良的营养品质、鲜艳的色泽及良好的风味（见图2-21）。

图2-21 乐业辣椒（吴正权 摄）

乐业辣椒有"乐业羊角椒"和"乐业二角椒"两个品种。乐业辣椒以其籽多皮厚、色泽鲜艳、红润、透明，以及外表油润光滑、辣味纯正、香味独特而享誉西南各省，不仅占据了滇东和黔西的辣椒市场，还远销东盟、俄罗斯及远东各国，历来是会泽的出口创汇的拳头产品，为国家创造了可观的外汇收入。本区现已建成一个以乐业镇为中心，金钟、迤车、矿山等乡镇为辐射区的无公害乐业辣椒生产基地。

大关翠华茶

翠华茶，又名"翠华贡茶"，是一种中叶种类型的茶树，因产于大关县城东翠屏山翠华寺周围坡地，于清代作为贡品献给慈禧太后饮用而得名，系历史名茶。该地产茶已有500多年历史，当时翠华寺产的茶称"金耳环"，为朝廷贡品和佛家朝拜峨眉寺的珍贵茶品。

翠华茶园地处海拔1100～1400米的山峰上，土壤微酸，年平均气温15℃，年降水量1018毫米，平均相对湿度80%，年日照时数1019小时，阴天257天，地理环境和生态环境都非常适宜于喜温耐阴的茶树生长。

翠华茶栽培历史悠久，据《翠华寺碑》记载，清雍正八年（1731），开山和尚在翠屏山下新建翠华寺。嘉庆年间，一云游僧人来到翠华寺游览，见周围山峦起伏，岩壑幽深，云雾缭绕，丛篁葱倩，寺内丹桂数株，皆合抱大树，浓荫翳日，香飘数里，是一清静福地。他便将所携来茶种播种在寺中。一株株色泽碧绿、质地脆嫩的新茶树在寺中生长起来。其叶形扁平尖削、叶底细嫩、芽叶成朵、光滑匀称，史称"翠华茶"。翠华茶浸泡在开水中，具有色绿、香郁、味醇、形美四大特色，在全区茶叶诸品种中堪称佳品。

乌蒙马

乌蒙马是乌蒙山区的原有品种，属云南马和贵州马的一个亚种，一般饲养于海拔1000～3000米的山区，滇东北高原的镇雄县、彝良县、永善县、昭阳区等是其主产区。

乌蒙马是三趾马、云南马和当地野马在长期进化中经自然筛选，再由人工驯化培育获得的优良品种。乌蒙马的主要特点为头中等大、直头，眼稍小而眸明，耳大小适中、直立，颈斜长短适中，颈肩结合良好。鬐甲高度适中，背腰平直，尻斜，前胸发育良好，肋骨拱圆，腹围大小适中。四肢端正，关节发育良好，筋腱明显，后肢微呈刀状，蹄质结实。轻型马宜乘骑，重型马宜驮挽。毛细，鬃鬣尾毛浓密。毛色以骝、栗毛为主，黑、青、银及其他颜色次之。体型外貌整齐一致，易饲养，吃苦耐劳，持久力强。

本区山地崎岖，立体气候显著，乌蒙马的这种抗寒、耐潮、耐湿的特点，很容易适应境内南北干湿两种不同的小区域性气候；它体格强健、行动敏捷，善走崎岖山路、夜路，适合于高原山地长途行走，也是驮运和骑乘的重要役畜。乌蒙马对乌蒙山区社会经济发展产生了重要影响，在滇东北的历史文化中留下了深刻印记。东汉以后，这里出产的乌蒙马被广泛用于战事；《宋会要辑稿》记载，黎州诸蛮以大量马匹前往黎州互市，挑选名马来进贡宋朝廷。当地的乌蒙土司每次去京城朝贡时，都要携带乌蒙马作为贡品；明朝廷也指令相关部门拨银购买乌蒙马；明洪武十七年（1384），朝廷就在芒部（今昭通市镇雄县）购买乌蒙马4000多匹；新中国成立后，当地百姓用河曲马与原有乌蒙马进行杂交，增大了乌蒙马的体型，并且取得较好的改良效果。

昭通黄牛

昭通黄牛是当地居民经过长期的选育加上自然因素的影响而形成的小型役肉兼用型品种，主产于云南省滇东北高原。昭通市所辖县（市、区）均有分布，其分布区域从海拔267米的江边河谷区到海拔3090米的高寒山区都有饲养，昭通黄牛已被列入《国家畜禽遗产资源品种名录（2021年版）》。

昭通黄牛体格偏小，体质结实，结构匀称。公牛头粗短，母牛头清秀。公牛角粗短，向外侧微向上伸展；母牛角稍细，角尖向内弯曲，呈弧形。公牛颈短、厚实，母牛颈稍单薄。公牛肩峰一般明显，母牛无肩峰。公牛腹紧凑，母牛腹圆。昭通黄牛背腰结合良好，短宽平直，肋骨开张；后躯发育不如前躯，尻部倾斜；四肢结实有力，筋腱明显，飞节稍内靠；蹄质坚硬，少数牛有剪刀蹄；尾细长，尾根低；被毛较密，以黄、淡黄、草白、黑、红色较多；抗寒、耐湿，行动敏捷，耐粗饲，抗病力强。昭通黄牛因具有耐热、耐旱、耐寒、耐湿，以及适应性强等特点而深受滇东北农民的喜爱，是云南省的优良地方品种。

昭通黄牛与其他牛种杂交后，产生了许多新的地方优良品种，对山区自然环境的适应性更强。短角牛和昭通黄牛杂交，形成短昭牛，分布于昭阳区的守望、靖安、小龙洞和大山包等地，适应性强，早期生长速度快。安格斯牛和昭通黄牛杂交形成安昭牛，分布于守望、靖安、小龙洞等地。西门达尔牛与昭通黄牛杂交形成西昭牛，多分布于大山包镇。

火红黑山羊

火红黑山羊因分布于会泽县火红片区而得名，是全国地理标志农产品。会泽县境内高山缓坡草场分布广，占曲靖市草原总面积的1/3，是云南省草地面积较大的县域之一。丰富的草原资源，为黑山羊的发展提供了得天独厚的条件。会泽县先后已建成了田坝乡竹青种羊繁育场、火红乡黑山羊选育示范场2个黑山羊扩繁基地，以及驾车钢厂、马路硝厂2个黑山羊养殖小区。

火红黑山羊属云岭山羊短毛型，是在特定的自然生态环境条件下经过长期的自发性本品种选育而形成的适宜山区放牧的地方良种。区域内属典型的高寒冷凉山区，立体气候突出，牧草丰富，适于发展黑山羊山地养殖业。火红黑山羊养殖历史已有300多年。火红黑山羊喜欢攀岩和登高，行动敏捷，体格中等，身躯较长，蹄质坚硬，颈部较粗，胸宽，背腰平直，颜面不仅直而且短，嘴筒比较细。不论公羊还是母羊，它们的毛色多为黑色，毛粗而长，人们习惯称为"黑山羊"。黑山羊肉、皮兼用，以产肉为主，肉色为鲜红色或暗红色，肉质鲜美细嫩，膻味轻，无异味；皮厚软，细腻，俗称"棉花皮"。

盐津乌骨鸡

乌骨鸡是盐津县地方特产品种,是全国地理标志农产品。盐津乌骨鸡因起源并主产于云南省盐津县而得名。1980—1983 年,地区畜牧站组织开展全区畜禽品种资源调查,首次对盐津县、大关县、威信县的乌骨鸡进行系统、全面研究,在最终形成的《昭通地区家畜家禽品种志》中将本区的乌骨鸡定名为"盐津乌骨鸡"。目前,盐津乌骨鸡在盐津、大关、绥江、彝良、永善、镇雄、威信等地均有分布。

乌骨鸡因生长和分布于乌蒙地区,被称为"乌蒙珍禽"。它是在高湿高温的气候条件下,经过长期的自然选育和精心饲养而形成的乌骨鸡地方品种,也是云南省著名的地方良种。盐津乌骨鸡体型较大,近方形,头尾翘立,羽毛紧凑,体格坚实,躯体结构匀称,肌肉发育良好,单冠直立,质地细致,冠峰 5～7 个。以乌皮、乌肉、乌骨及内脏均乌黑为显著特征,羽毛为黑色居多,占 80% 以上,适合自然放养与人工补饲的生态饲养方式。

盐津县地形地貌复杂,山峦起伏,居民居住分散,自然环境的相对隔绝形成了封闭的小群体小生产形式,给乌骨鸡的纯种繁育创造了条件。盐津乌骨鸡的开产日龄比较晚,肉含有丰富而较全面的营养,氨基酸的含量高,富含黑色素,脂肪酸含量高,胆固醇含量低。从营养价值上看,盐津乌骨鸡的营养远高于普通鸡,吃起来肉质细嫩、风味独特。可以说,盐津乌骨鸡是集味美、保健、药用之大成于一体,"食为肉之首,药为肉之冠"。

昭通苹果

苹果属于温带水果,喜温凉干燥,通光透风,昼夜温差大对提高苹果的产量和品质具有重要意义。昭通苹果种植始于 1940 年,已有 80 多年的种植历史,种植面积 447 平方千米、产量 65 万吨,分别占云南省的 58.77%、65.66%。主要分布在昭阳区的龙泉、永丰、太平、小龙洞、旧圃、北闸、乐居、苏家院、洒渔、守望、布嘎11个乡镇和街道。昭鲁坝子被中国农科院确定为西南冷凉高地苹果生产适宜区、云南省苹果生产最适宜区,是中国南方最大的优质苹果商品生产基地,被称为"中国南方的苹果之乡"。

本区地处乌蒙山腹地,平均海拔1950米,年均温11.7~12.3 ℃,最冷月平均气温4.7 ℃,最热月平均气温19.8 ℃,无霜期220天,年降水量750~925毫米,年日照1919~1980小时。土壤酸性,富含硒微量元素,硒被称为"长寿元素"和"抗癌之王",表层中有机质含量丰富。低纬高海拔地区,光照充足、年较差小、日较差大、大气环境清洁,加上无工业污染、灌溉水质优良,优越的自然环境非常适宜于苹果的生长发育。春季气候温暖、光照强、风小,避开了北方常有的闹春寒期,坐果率较高。夏季雨季集中,能够满足苹果快速生长的需求。秋季温差大、日照强,正值苹果成熟期,有利于提高果实的含糖量,形成了昭通苹果酸甜适度、兼具糖心的特色(见图2-22)。

图2-22　昭通苹果(黄色苹果为刚取掉套袋)(邓敏　摄)

昭通苹果品种繁多,分为早熟、中熟、晚熟等多个类型。从1978年苹果品种以金帅为主,到如今先后从北方主产区引入红富士、新红星、乔纳金、神砂、美国八号、红将军、秦冠、红露等多个优良品种,昭通苹果现拥有"昭锦""南国红""昭阳红""昭福""红云"等多个具有地方特色的苹果品牌。苹果种植已成为昭通高原特色农业优势产业，形成"半城苹果满城香"的发展特色。

昭通天麻

天麻是我国名贵中草药，在植物分类学上属于兰科天麻属天麻种。人们常说的天麻，一般是指它的干燥块茎。天麻又称为"赤箭""水洋芋"，最早记载天麻可以入药的古代文献是《神农本草经》。该书将天麻列为上品中药。在我国，天麻主产于云南的昭通、镇雄，四川的乐山、峨眉、宜宾，贵州的织金、贵定、纳雍。此外，陕西、湖北以及东北各省的部分地区也有天麻出产。天麻分为很多品种。其中，有药用价值的是红天麻、乌天麻、绿天麻和黄天麻。昭通所产的天麻，包含乌天麻、黄天麻和绿天麻3个品种。乌天麻又分为竹节乌和明天麻两类。一般认为，竹节乌的品质最优。

据《中国土特产大全》记载，昭通天麻个大，肥厚饱满，色黄白明亮，称为"云天麻"。昭通天麻呈半透明状，质坚实，无空心，品质优良，作为道地中药材，以其较高的药用价值，在全国各天麻产区中雄踞榜首。《中药材商品学》《中国道地药材》《天麻形态学》等著作中，均特指昭通天麻质量最优。昭通天麻中的天麻素含量大约为1.13%，位居中国各类天麻榜首，并且富含微量元素、宏量元素等无机元素近30种。其优质品质的形式主要得益于当地独特的地理、气候、土壤等生态条件。

野生昭通天麻主要生长在金沙江南岸的乌蒙山区，以彝良为中心的小草坝天麻主产区具备优质天麻最适宜的生长环境（见图2-23）。本区为典型的山地构造地形，属亚热带、温暖带共存的高原季风立体气候，具有冬无严寒、夏无酷暑、雨热同季、干湿分明等特点，年平均气温12℃，年平均降雨量660～1230毫米，年平均日照1900小时，年相对湿度85%，土壤多为黄壤、黄棕壤和棕壤，pH值为5～6，含有丰富的腐殖质，透气性好，质地均匀。在灌木丛的边缘坡地，土壤多为厚10～30厘米的黑褐色腐殖土，野生天麻绝大多数分布于这层腐殖土中。

图 2-23　小草坝天麻（宋大明　摄）

随着市场需求逐渐增大，野生天麻资源已日渐减少。1978年，人工仿野生天麻在昭通种植成功，主要分布在彝良、镇雄、永善、昭阳、大关、盐津、威信和绥江等地，大面积规范化种植达53.47平方千米。以昭通天麻为原料，已研制开发出天麻丸、复方天麻颗粒、参茸三七酒、天麻口服液、天麻醒脑胶囊等40个品种，其中复方天麻颗粒为全国独家生产的"无糖型天麻颗粒"。高原特色产品促进了昭通地区的乡村振兴。

会泽宝珠梨

宝珠梨是会泽县传统种植的主导品种，是全国地理标志农产品。据相关记载，宝珠梨栽培在本区已有近300年历史。究其名称的由来，云南大理的宝珠寺出产一种大理雪梨，会泽宝珠梨是此品种引进会泽以后所培育的品种，所以人们称其为"会泽宝珠梨"。又据《云南省志》记载，东川（会泽县原属东川府）之石榴、宝珠梨及蔗糖、橘柚，其味兼江南西蜀之美，皆特产也。说明宝珠梨早已名扬全省。

会泽宝珠梨果实呈卵圆形，果个大，平均单果重250克，最大单果重400克；皮薄，绿黄色，果点密，果梗短粗；果肉呈乳白色，肉质细嫩，多汁化渣，味甜回香，石细胞少，果核小，单宁酸含量少，较耐贮运，品质超过了其他区域的宝珠梨。

宝珠梨喜欢温凉的气候环境，对水质、土壤的要求严格，所以适宜栽种的区域范围也较窄。会泽县地处滇东北低纬度、高海拔山区,平均海拔2100米,境内山峦起伏,河流纵横,地势由西向东呈阶梯状下降,有利于东南季风的逐渐深入。会泽县气候属暖温带半湿润大陆性季风气候,四季分明,春季干旱少雨,升温快;夏季炎热,雨量集中;秋季冷凉少雨,日照充足,昼夜温差大;冬季寒冷少雪,气候干燥。本区年平均气温12.6℃,无霜期210天,年平均日照时数2109.8小时;土壤以红壤、棕壤土、紫色土为主,土壤pH值6~8,有机质含量0.6%~1.5%。本区地表、地下水资源均很丰富,良好的生态环境为会泽宝珠梨的生长提供了得天独厚的条件,所以梨树的种植很快就推广开来。

盐水石榴

盐水石榴因主产于会泽县金沙江支流小江流域的娜姑镇盐水沟两岸而得名,被誉为"神石榴",是全国地理标志农产品。盐水石榴在会泽县的栽培历史悠久。据《云南省志》记载,盐水石榴在乾隆年间就已名冠云南全省。

盐水石榴优良的品质,主要是由当地的自然地理环境决定。盐水沟地处低纬度高海拔山区,属北亚热带气候,光照充足,气候炎热,年均降水量690毫米,石榴生长期间的降水占全年降水量的80%以上,雨热同期。土壤为紫砂土等,土层较厚,孔隙度好,含速效磷,钾偏高,呈中性到微碱性。良好的生境为栽培石榴创造了得天独厚的自然条件,这里的石榴皮薄、粒大、核软、味甜,且保鲜时间较长。当地种植的品种主要以花红皮、火袍、绿皮为主,并以"云南水蜜石榴"为名,畅销全国,尤其是我国港澳台市场。

昭通核桃

核桃为胡桃科植物,其中深纹核桃是中国西南的特有种和云南的主要栽培种,云南是其起源和分布中心。昭通市则是云南省核桃主产区之一,其核桃栽培历史悠久。据《中国果树志·核桃卷》《中国果树史与果树资源》等典籍记载,早在16世纪,云南境内金沙江流域就有大量的核桃树生长。鲁甸县境内的野石山遗址和乐马厂遗址发掘显示，早在距今3000多年以前，当地居民已采摘和利用核桃充饥。

昭通市位于云、贵、川三省接合处，金沙江下游沿岸及四川盆地向云贵高原抬升的过渡地带，为金沙江流域深纹核桃天然分布区。昭通是我国南北核桃种群交汇地，区位独特。由于江河的切割和地层断裂褶皱的影响，境内山峦重叠，山高谷深，高差显著，地形十分复杂，气候属低纬高原山地季风气候。多样的地理环境和独特的条件气候为核桃的生长发育提供了多样的大环境与丰富的小生境，加上该区域长期人为控制采用实生繁殖，形成了庞大的实生变异群体，造成昭通境内不同区域或同一区域因海拔、坡度、坡向等变化和光、热、水、土壤组合的不同，形成许多性状各异的核桃品种，蕴藏着多样而特异的核桃种质资源。因此，滇东北高原是世界核桃种质资源较丰富的区域之一，具有重要的研究开发利用价值。

本区核桃种植面积已达2977平方千米，占云南省核桃种植面积的1/10，其中镇雄县种植面积最多，为720平方千米。特殊的地理环境和气候条件决定了核桃的种植分布区域主要在镇雄、昭阳、鲁甸、巧家、彝良、大关、永善等地。昭通的核桃产业已向规模化经营的方向发展，人们已选育出"昭通大麻""云林""庆丰""永泡""镇核"等多个优良良种。其中，"鲁甸大麻1号""鲁甸大麻2号"被评选为第七届世界核桃大会"中国优良核桃品种"。

溪洛渡花椒

花椒属芸香科花椒属植物，在本区主产于昭阳、鲁甸以及永善的金沙江流域一带，主要分布在干热河地区的低山丘陵、梯田边缘和庭院周围边。花椒是当地农民的重要经济来源，溪洛渡地区出产的花椒品种有青椒和大红袍，以金江花椒闻名于世（见图2-24）。金江花椒经考证实际就是溪洛渡花椒，两者的产地均在永善金沙江流域地带，金江花

图2-24　溪洛渡花椒（宋大明　摄）

椒因其产地而得名，也是当地老百姓的习惯称谓。溪洛渡花椒为国家地理标志农产品。从学术层理上和地理标志产品上看，溪洛渡花椒更具有区域特色，因此本词条仍采用溪洛渡花椒。

溪洛渡花椒主产区气候属于典型的干热河谷气候，南干北湿，北部多雨，河谷坝区干燥少雨，高山阴湿多雨。冬春少雨，冬干春旱，垂直差异大；年平均气温 16.5 ℃，无霜期 335～365 天，多年平均降雨量 1007 毫米，光热充足，水量不足，易遭受春旱、伏旱；土壤主要为沙壤土、黄壤土两类，pH 值 6.5～7.5；土壤肥力状况中等，土壤发育较浅，中性和微酸性土壤占比大，有机质含量为 1.23%；日照时间长，昼夜温差大，空气、土壤、水质无污染，十分适合溪洛渡花椒的生长。

溪洛渡花椒种植历史悠久。到了 20 世纪 20 年代，滇东北各县的花椒汇聚到昭通，使得昭通成为大型的花椒市场集散地，如今每年从昭通输送到四川的花椒数量就有数 10 万斤。境内所产花椒以其色鲜、味浓、油性重、麻味十足著称，生产地遍及码口、大兴、黄华、莲峰、务基、溪洛渡、团结、桧溪、青胜等地。本区花椒分为大椒、小椒、青椒 3 种。大椒颗粒大，颜色鲜红，又称"大红袍"；小椒颗粒小，呈红色，称为"小红袍"；青椒颗粒均匀，颜色灰青，故得名。永善境内的莲峰、黄华、大兴等地出产的花椒根蒂四瓣，形态与他处的根蒂两瓣有别，人称"法戛椒"，是滇东北地区花椒的上品。

滇东北刺绣

滇东北刺绣是滇东北各族人民工艺绣品的总称。其精细的做工、新颖的图案，不仅美观大方，而且古朴典雅，既有实用价值，也有欣赏价值。四川大学博物馆珍藏的《苗族妇女围腰边图案》和《百褶裙图案》，分别是镇雄县和威信县的两件刺绣作品，代表了古代滇东北刺绣的工艺水平。《苗族妇女围腰边图案》的花纹与罗马尼亚的民族图案有相似之处，《百褶裙图案》的经纬格子同楚雄出土的铜鼓上面的格子一致。据此，专家认为，滇东北的刺绣历史，最早可以追溯到 2000 多年以前。

在男耕女织的古代滇东北社会，刺绣是妇女必学的女红。经过长期的发展，滇东北的妇女形成了自己独特的刺绣针法。挑花、平绣、轴绣、锁绣、破秀、辫绣等针法，直到今天都为滇东北农村的许多妇女所熟知。这些针法，与云南其他地区流行的打籽绣、储宝绣和挑绣区别开来，在全省独树一帜。她们刺绣的图案，花样繁多，如荷花、玉兰、蜡梅、秋菊，惟妙惟肖，对虾、飞燕、骏马、黄牛，活灵活现。在苗族农村家庭的房间，无论窗帘、床单，还是桌布，都有美丽的刺绣图案；身着带有刺绣图案的服装访亲问友，至今仍然是一些苗族村寨的节日习俗（见图 2-25、图 2-26）。

图 2-25　苗族挑花刺绣（郑方星　摄）　　图 2-26　苗族刺绣（宋大明　摄）

巧家尹武刺绣

尹武刺绣是滇东北刺绣中独树一帜的瑰宝，是流传于巧家县老店镇尹武村的一种彝、汉融合的民间文化刺绣样式。在历史上，尹武村是彝族聚居地。清政府在此实施改土归流后，汉族人口不断迁入这里。汉文化与彝文化不断融合和发展，这在当地的刺绣文化，如尹武刺绣上表现尤为突出。数百年来，生活于此的乡村妇女把先民的图腾崇拜、原始信仰、生产生活情况、美好生活的愿景等纯手工绣在衣裤、鞋帽、背带、围腰等物品上，为记录风土民情、表现地方工艺水平做出了表率。

尹武刺绣与其他绣法不同，所绣图案全靠绣娘自己想象，绣时无需先画底图，图案多取材于生活中所熟知的花草或者是村间的动、植物，色彩搭配也随心所欲，所绣图案线条优美，具有朴素、清新、艳丽的特色（见图2-27）。

图 2-27　巧家尹武刺绣（宋大明　摄）

绥江竹编

竹编，是指用竹条篾片加工编制的生产生活用具和观赏陈设用品，是中华民族古老的手工艺术，从日用品发展至手工艺品与艺术品，凝聚了劳动人民生产生活中的智慧。云南竹子种类丰富，是竹编工艺发展的重要依托，有傣族竹编、宜良竹编、绥江竹编等具有区域代表性的竹编。

绥江竹编是绥江县传统的手工艺，也是有名的手工艺品。绥江是中国西南地区重要的混合竹林区。区域内是亚热带和暖温带共存的季风气候，温和湿润，土壤类型多样，十分适宜各类竹种生长。绥江县竹资源丰富，种类繁多，现种植面积已达43万亩，为云南第一竹基地县。据明代《马湖府志》记载，绥江竹子主要有罗汉竹、水竹、刺竹、葫芦竹、慈竹、斑竹等。

绥江县竹类的加工利用历史悠久，早在2000多年以前，就用竹子制作"节杖"。绥江竹编以"经"与"纬"的穿梭为主线，再用挑、压、破、拼、提等编织技术，通过虚与实、明与暗的变化编织而成。根据编织工艺的不同，竹编分为平面竹编、立体竹编两大类3000多种产品体系。平面竹编一般采用质地柔软、纤维细长的慈竹和青单竹，其所采用的篾丝有些比头发丝还细，编织产品主要为图案或者竹编画。竹编画是平面竹编最具有代表性的产品，选择三年生优质天然慈竹为原料，以经纬的穿梭为主线，通过挑、压、破、拼、提等编织技术，将风土人情、湖光山色、花鸟草虫等题材编制入画，呈现出很强的立体感，极具艺术特色，如《隐形骏马图》《碧水长流》《中国百帝图》《蒙娜丽莎》《松鹤延年》《观音》等作品，具有极高的艺术价值。立体竹编主要是粗丝竹编，采用以一年以上的优质天然慈竹为原料，编织传统的竹编用具居多，主要是日常用品和农用工具，如食盒夹背、娃娃背篼、提篮、桌椅、竹扇、凉席、竹童车等品种，集实用性和艺术性于一体（见图2-28、图2-29）。

图2-28 绥江竹编——花提篮
（陈敏 摄）

图2-29 绥江竹编——工艺品
（陈敏 摄）

昭通版纳地毯

昭通"版纳地毯"现为大山地毯，其并非产自西双版纳，而是用纯羊毛纯手工编织一种具有独特地方民族风格的工艺品。因其地毯图案纹样主要取材于西双版纳的傣族、景颇族等少数民族民俗风情，多反映西双版纳风光风情，故得名"版纳地毯"。

昭通低纬度、高海拔,气候冷凉,亚高山草甸分布广,是绵羊的主产区,盛产高山绵羊毛,为版纳地毯提供了优质的羊毛原料。版纳地毯多以纯羊毛和真丝为材料,前后经过图案设计、配色、染纱、上经、手工打结、平毯、片毯、洗毯、投剪、修整等十几道工序加工制作而成。紧密精致的毯面可以使地毯的寿命延长到几十年甚至上百年。

版纳地毯按图案可分为波斯图案、美术图案和几何图案三种;按工艺又可分为手工编织(东方毯)和手工枪刺(胶背毯)两种。其中,波斯图案多用羊毛配以桑蚕丝编织而成,有边角、夔龙,图案颜色繁密,具有浓郁的西亚风格,整体气质雍容华贵;美术图案多以动、植物为主,清新自然、亲切柔和、简约时尚。版纳地毯做工精细,毯面内容丰富,色彩绚丽多姿,手感柔滑,花纹凸出,状若浮雕,是中国四大民族高级羊毛手工地毯之一,产品曾远销到日本、美国、加拿大、德国、英国、瑞典等国家和地区(见图2-30)。

图 2-30　昭通版纳地毯（宋大明　摄）

巧家细褶子披毡

披毡是游牧民族的传统手工艺品。中国各地各种毡制品不下数百种,兼有衣、甲两用的披毡十多种。巧家细褶子披毡因其选料精细、制作考究、造型古朴、结构紧凑、色泽洁白，既能防雨，也能保暖而别具一格，历史上特称为"东爨披毡"。明代，细褶子披毡是乌蒙土司向朝廷贡赋的三项内容之一。

巧家细褶子披毡长约 2 米，宽约 1 米，在纵边的一边串上领绳，收缩领绳可以把披毡聚攒成 60～120 褶，卷裹成筒，坚挺如柱。披毡可披可盖，挡风御寒，遮阳避雨，四季皆宜。披毡在古代可充当战士甲胄，不碍乘骑，可抵御弓矢。披毡的生产，要挑选绵羊的"六月毛"，经过洗涤、脱脂、弹毛、揉踩、提褶等工序。细褶子披毡产于巧家县的马树、铅厂、荞麦地、崇溪等高寒山区。

马树红毡

巧家县马树红毡技艺为云南省省级非物质文化遗产代表性项目，主要流传于巧家县马树镇一带，由纯羊毛经手工擀制、绘图、煮染、定形等工艺而制成床毡、靠毡、毡包、桌毡、毡垫等各式制品，具有鲜明的地域特色。据现有的考古发现，擀毡工艺在滇东北最早出现于东晋，这从本区发掘的东晋霍承嗣墓壁画上绘有 20 多位武士身披毡衫得以佐证。擀毡工艺代代相传，不断创新，最终形成了以马树镇孔家营村民洪顺章、卯家沟村民赵玖金两家擀制的红毡为代表的马树红毡工艺（见图 2-31）。

图 2-31 非物质文化遗产红毡工艺（宋大明 摄）

马树红毡以红色为主调,辅以绿色、黄色,图案色彩对比强烈,画面热烈喜庆。图案内容多源自民间传统题材,如"狮子滚绣球""喜鹊探梅""十二生肖""鹿望金钟""寿扣万字""松鹤同寿"等,图案造型生动、古拙简约、寓意吉祥,体现了红毡艺人独特的美学追求,也寄托着这片土地上的人们对美好生活的祝愿和向往(见图2-32)。

图 2-32 非物质文化遗产红毡(邓敏 摄)

同时，马树红毡绘画图腾里含有汉族、苗族和彝族元素的结合体，人们从红毡图腾中可了解到当地的民族文化，因此，马树红毡对研究传统的民间绘画艺术和当地民族文化均具有较高价值。

巧家小碗红糖

巧家小碗红糖俗称"碗碗糖""碗儿糖"，因糖模用小碗盛装而得名。它以色、香、味俱佳而著称于世，不仅畅销于云南省内，还销往西藏、青海、贵州、四川、广西和湖南等地，深得广大消费者，特别是藏族人民的喜爱，藏族人民长期将其作为日常生活中的必需品。

巧家小碗红糖产于巧家县金沙江沿岸干热河谷区，境内的蒙姑、金塘、白鹤滩和大寨等地为集中产区。这些区域海拔在550～1200米，气候属南亚热带气候，高温多雨，日照充足，无特大风灾，加之沙土地无法有效地蓄水，均满足甘蔗生产环境要求，因此，本区所生产的甘蔗质地优良，含糖量高达13.5%。小碗红糖就是选用这种优质甘蔗、以土法熬制而成的。红糖颜色呈金黄色或红黄色，半透明，香气浓郁，味美飘逸，品味纯正。未经过精炼的红糖较多地保留了甘蔗的营养成分，更容易消化吸收，能快速补充体力。将糖块置于水杯中，加清水溶解后，糖汁仍聚为一团，用细管轻轻插入糖汁聚集处，吸出，杯中仅剩清水，澄澈清明如故。这是鉴别巧家小碗红糖真伪最简便、也最有效的方法。小碗红糖包装也具有浓郁的地方特色，一般采用栎树叶包裹，蔗叶绾扎，既能防潮，又便于顾客取用。

据《巧家县志（1978—2005）》记载，巧家小碗红糖从竹园引进甘蔗和制糖技术，经历了近60年。当年巧家蒙姑岳氏把甘蔗种植和制糖技术引入巧家，巧家百姓经过长期的探索，总结了一套独特的红糖制作流程，即采用作坊式生产、土法制作的方式，经过压榨、加热、蒸发、澄清、制形、包扎6道工序制作而成。加热蒸发时要掌握"灰足、火够、泡子清"的要领，这是制糖成功的关键因素。巧家小碗红糖制作整个工艺流程宛如一轴绵延久远的民俗风情画卷（见图2-33）。

图 2-33 巧家小碗红糖制作工艺（张广玉 摄）

第三章　历史地理

第一节 历史时期人类活动

昭通古猿

昭通古猿是根据发现区域而命名的,被认为是禄丰古猿禄丰种相似种,是继开远、禄丰、元谋和保山之后,在云南发现的第五个研究从猿到人过渡时期的古猿化石点,也是欧亚大陆时代最晚的中新世古猿分布区。第一个发现的昭通古猿化石,经古地磁年代法测定,是距今约620万年的晚中新世的古猿头骨化石,是世界上第二个中新世古猿幼年头骨化石。它的发现对研究比非洲早期人科动物更早的人类起源研究极其重要。

昭通古猿具有早期人和猿共同祖先的一些特征,并有别于云南其他地区发现的古猿。目前,它们被归为禄丰古猿属的不同种,显示出多样性和快速进化特征。昭通古猿面部基本完整,头骨眼眶呈圆角方形,且宽大于高,眉脊明显开始发育,中面部宽短,突颌程度较弱,这几项特征使昭通古猿有部分最早的人类祖先的特征(见图3-1)。

昭通古猿化石,属于距今600万年的晚中新世末期,是云南省文物考古研究所吉学平及相关专家于2009年在昭阳区太平办事处水塘坝褐煤层之间的泥炭层中发现出

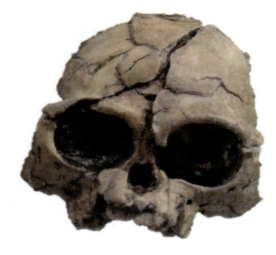

图3-1 昭通古猿头骨化石(邓敏 摄)

土的,与非洲发现的同一时期南方古猿遥相呼应,其沉积相与云南开远、禄丰、元谋和保山的古猿化石出土地点的沉积相(如煤层、煤层间黏土层或泥炭层)相似。其生存区域水塘坝一带处于温热潮湿的湖沼环境,以热带、亚热带森林为主。青藏高原隆起与亚洲季风气候的形成以及全球气候变冷的共同作用,使云南在地理上和气候上形成一个相对独立的湿热环境区域,延缓了干冷气候开始的时间,滇东北的生物因此得以生存。

昭通智人

在昭阳区城北15千米北闸街道塘房二社过山洞村后40米处,二叠纪石灰岩中,发现旧石器时代至新石器时代的洞穴遗址。过山洞洞长40余米,前洞口向东北,后洞口向东南,前洞口宽10余米,高3~5米。1982年,文物普查时在后洞内发现一些哺乳动物化石及一颗早期智人牙齿化石。牙齿为一成年个体左下臼齿。出土的人牙化石是云南首次发现的早期智人化石,属中更新世晚期或晚更新世早期的智人,距今5—10万年,定名为"昭通人",即昭通智人(见图3-2)。

图 3-2　早期智人化石（邓敏　摄）

西僰

据史籍记载，先秦时期僰人在西南地区分布很广，分别有"西僰""滇僰""邛僰"等不同称谓。春秋战国时期昭通、宜宾一带已经建立了"僰侯国"，在秦汉前是僰人聚居中心地。而"僰侯国"的区域在汉代犍为郡南部，犍为郡南部的朱提（今昭通）地区则称为"西僰"，为僰人聚居地（一些学者认为，滇东北的白水江、牛栏江流域即僰人聚居地）。僰人虽然历经迁徙等变故，但仍长期以今川南地区和滇东地区为中心与其他民族杂居。秦汉时期，中央政权分别开通僰道和设置僰道县对僰人地区进行管辖。

据《水经注·江水注》转引《地理风俗记》记载，在当时的朱提地区及邻近的少数民族聚居地区，僰人社会经济文化水平较高，获得了"僰于夷中最仁，有人道，故从人"的评价。但因地处巴、蜀、夜郎、楚国等军事强国争夺的敏感地带，僰人饱受战争之苦，经常沦为奴役的对象，史称"僰僮"。僰人主要从事农耕经济，并重视建设水利工程，引水进行农田灌溉，包括经济作物及水稻都会生产，同时也是朱提"千倾池"文化的创造者，有悬棺葬的习俗。汉代以后，一部分僰人融入汉文化中，另外一部分则外迁至洱海一带。明代以后，因统治者的政策，僰人基本消失。

东爨乌蛮

爨本为姓氏,最早出现于三国时期。西晋末年,爨氏逐渐控制南中地区,并逐渐成为统治区域内各民族的泛称。隋唐时期,出现了东、西两爨的正式区别,《蛮书·名类第四》记录两爨的区域十分明确,即今之曲靖、昆明、马龙、晋宁、澄江、安宁及禄丰一带,为西爨地境,西爨首领住滇池县(今云南的晋宁);东爨地境则是今昭通、会泽、镇雄、威宁、盘州等处。《蛮书·名类第四》说:"西爨,白蛮也;东爨,乌蛮也。"由于东、西两地的主体民族在族属、习俗与汉化程度上有明显的差别,因此又分别称为"东爨乌蛮"和"西爨白蛮"。

东爨乌蛮是南北朝以后叟、昆明部落的主体与部分汉族移民融合而成,以游牧半游牧文化为主。唐代东爨乌蛮有7个部落,除勿邓部落外,其余6个部落都分布在东爨境内,也就是今天的滇东和黔西一带。"乌"即黑,中原政权取其意称之为"乌蛮"。有学者认为,乌蛮便是今天生活在滇东北地区和四川凉山州黑彝的祖先。

改土归流

改土归流就是废除土官、委以流官管理的政策。在边疆治理的历史长河中,土司制度对中央加强边疆少数民族地区社会的稳定、经济的发展起到了积极的作用。清王朝建立后,施行改土归流政策加强对西南等边疆地区的统治,云南是改土归流施行的重点区域,而昭通又处于云南东北部的边陲重镇,因此其改土归流对研究云南以及整个清朝的改土归流有着重要意义。

昭通在元朝建立土司制度,这是一种"以夷治夷"的措施。但土司制度有一个最大的隐患,就是构成地方割据势力。土司名为朝廷命官,实为一方独立王国的统治者,对朝廷的稳定构成一定的威胁,叛乱与内斗层出不穷。因此,为了消除土司隐患,自明朝开始便在本区芒部(今镇雄)废土官,实行改土归流。

清雍正年间（1726—1730），鄂尔泰继任云贵总督后，认为"滇黔大患，莫甚于苗倮；苗倮大患，实由于土司""不改土归流，终非远计""改土归流，为惩一儆百之计"，对滇东北乌蒙地区进行大规模的武力改流，将乌蒙改为昭通府、东川改为东川府、芒部改为镇雄府（后又降镇雄为州），全部划归云南管辖，并委派了流官，设立昭通镇、镇雄营等军镇镇守昭通府等地，最终达到了废除乌蒙、镇雄等土司的目的。

在清雍正年间的滇东北的改土归流过程中虽然充满暴力，损失了大量人口，严重破坏了当地社会经济发展，但打破了滇、川、黔交界地带的割据独立状态，加强了中央对昭通地区的统治，将该地区真正意义上纳入了国家大一统政治体系中，使民族构成也发生了巨大变化，为昭通地区随后的社会经济发展奠定了政治基础。

彝族"六祖分支"圣地

彝族是一个古老而辉煌的民族，具有丰富多彩的文化和传统。西南地区的金沙江中上游南北两岸、澜沧江、怒江三江流域和乌蒙山、哀牢山、无量山等地区，都有彝族分布。在漫长的历史长河中，各地的彝族先民先后建立了一些比较著名的部落联盟制国家，如古滇国、古莽国、夜郎国等。

"六祖分支"是彝族历史上规模最大、范围最广的一次自然迁徙。据《西南彝志》等彝文古籍记载，因邛之卤（今四川境内）发生大洪水，彝族第31代孙阿普笃慕带领部众迁到云南洛尼山，即今滇东北地区。但洛尼山一带地少人多，不宜长期居住和发展壮大。于是阿普笃慕将6个儿子分成武、乍、糯、恒、布、默6支，各自向不同方向迁徙、开疆拓土。《西南彝志》卷五《天地津梁断》记载，彝族六祖在"洛尼白"分支，各部各支系又进行新的分支，向"四方发展"。彝族先民分向各地后，逐渐发展为西南地区有较强影响力的少数民族。恒、默两支的后裔便是本区昭通、镇雄两大部落的先民。

彝族的丧葬习俗认为，人过世后的灵魂要回到"六祖分支"的地方去。《指路经》是彝族重要经典文献，通过指引送灵返祖，侧面反映出 2000 多年前彝族"六祖分支"迁徙的历史情况和历史渊源。现存有 18 部彝文《指路经》，关于"六祖分支"地有不同的说法，但大部分《指路经》提及的"兹兹仆乌""兹兹解恩""兹兹地各""兹兹地撒"等，都指向了今昭通市昭阳区洒渔河畔的葡萄井老鸹岩，此处被认为是彝族"六祖分支"的圣地。如今在昭阳区葡萄井建有六祖文化广场风景区，有阿普笃慕铜像、祭祖广场、六祖铜像等纪念性建筑（见图 3-3）。

图 3-3 彝族"六祖分支"圣地（杨德明 摄）

汉砖遗韵

昭通地区关于两汉时期的考古发现以梁堆和崖墓为主。"梁堆"分布在昭阳区、鲁甸县、大关县等地，以昭鲁坝区最为集中。"梁堆"作为墓葬，多数以花砖建造，少数用石块堆砌。花砖中有较大部分是画像砖，分为吉语砖、文字符砖、放牧砖、车马出巡砖、飞禽瑞鸟砖、双龙砖、舞蹈砖等。描绘朱提地区社会生活内容的画像砖，对于研究两汉时期朱提地区社会生活和经济交往具有重要的历史价值和艺术价值。

昭鲁坝中出土的汉代画像砖主要有：白泥井等地出土的反映官吏出行场面的出巡砖（见图3-4）；白泥井、鲁甸出土的反映少数民族放牧生活的牵牛、放牧砖，画像中人物均身披披毡，呈三角形高耸，其服饰与今凉山地区彝族服饰如出一辙；昭阳区省耕塘出土的反映舞女生活的舞伎砖。昭阳区白泥井出土的绘画砖，画面中马、牛、鸟、鱼等有机地组合在一起，具有独特的艺术价值。此外，还有一马、二马一人、三匹奔马、四头牛、双龙戏珠等画像砖，极具时代特色和地方特色。

图3-4　汉砖遗韵（邓敏　摄）

"金腾越、银镇雄"

镇雄自然资源较为丰富，历史上与滇西的腾冲共同享有"金腾越、银镇雄"的美称，本处只详述与本区有关的镇雄县。镇雄，取"镇守雄关"之意，地处云、贵、川三省接合部，"鸡鸣三省"之处（见图3-5）。东与四川泸州市叙永县、贵州毕节市七星关区相邻，南连毕节市赫章县，西邻彝良县，北接威信县。

镇雄开发较早，历史悠久，曾被称为"大雄古邦"。自西汉武帝建元六年（前135）置南广县起，迄今已有2100多年。其间，镇雄县建置及名称多有变更，出现有南广县、协州、芒部府、镇雄府、镇雄州等名称，与云南、四川的隶属关系多有更改。明洪武十五年（1382）设芒部府，隶云南布政司；洪武十六年（1383）改隶四川布政司，洪武十七年（1384）升为芒部军民府；嘉靖五年（1526）援引"大雄"古名，将芒部军民府改称镇雄军民府，始有镇雄之名；万历三十七年（1609），镇雄军民府改称镇雄府；清雍正五年（1727），降镇雄府为镇雄州，由四川划归云南，并改隶乌蒙府（昭通府）。

镇雄县为"南方丝绸之路"的重要地段，古"南夷道"经镇雄境内多处地方。镇雄县独特的地理位置和本土民族文化积淀造就了镇雄文化的多元性，以中原文化为主流，并渗有巴蜀、古滇、朱提和夜郎文化元素。

图 3-5　威信县水田寨"鸡鸣三省"标志碑（邓敏 摄）

过山洞旧石器时代遗址

过山洞位于昭阳区城北 15 千米的北闸街道塘房二社过山洞村后 40 米处，开口于二叠系石灰岩层中，属旧石器至新石器时代的洞穴遗址，因前后两个洞口贯通而得名。前洞口向东稍偏北，洞宽 10 余米，最高处约 5 米，深约 10 米；后洞口向东南，略小于前洞。

1982 年，昭通市文化馆在文物普查时，在过山洞后洞前约 20 米处发现一些哺乳动物化石及一颗早期智人牙齿化石。残存堆积自上而下分 5 层：第一层为近现代扰乱层、第二层为石灰华胶结层、第三层为红褐色砂质黏土层、第四层为红色黏土层、第五层为黄褐色沙质黏土层。人牙化石出土于第五层。发现的牙齿化石为成年个体左下白齿，尺寸较大、高度较小（长13毫米、宽11.7毫米、高5.3毫米），具有接近现代人的特征，经鉴定为距今5—10万年的早期智人牙齿化石，其生存时代为中更新世晚期或晚更新世早期。出土的牙齿化石是云南省首次发现的早期智人遗迹，该智人被定名为"昭通人"，它的发现填补了云南省猿人阶段到晚期智人阶段的空白。前洞左侧有新石器时代堆积，采集石器有石锛，陶器有长颈单耳尖底瓶、单耳平底罐、单耳圈足罐、圜底钵、敛口钵、釜形器、平底小杯、折沿器等。陶器以夹砂红陶居多，夹砂灰陶次之，均为素面。伴生的哺乳动物化石有东方剑齿象、中国犀、猴等种类。

过山洞曾是古人类的居住地，通过对昭通盆地的古生物考古发掘及其研究发现，昭通盆地在远古时代，气候温和湿润、植物茂盛，非常适宜古人类繁衍生存。居住在这里的先民已广泛使用磨制石器，并懂得了制陶、种植等技术，开始了定居生活。

闸心场遗址

闸心场遗址位于昭通市昭阳区北闸街道西南方，为新石器时代遗址。分布范围南北约400米，东西约500米。1959年发现该遗址，1960年进行试掘。试掘出土石器4件，其中梯形和长方形锛各1件、残斧1件、扁圆形石器1件，模制精细；完整陶器2件，陶片若干，陶器分泥质、夹砂灰陶和红陶，可辨器形的有素面单耳尖底瓶、侈口鼓腹圜底罐、印纹敛口小钵等，纹饰简单，有平行画纹、圆点纹和粗弦纹，施于器物口部和肩部（见图3-6）。

早在约5000年前的新石器时代，云南高原上就已生活着众多的古代人群，他们在很多地方留下了生活的印迹。考古学界一般把云南新石器文化分为8个地区8种文化类型：滇池地区——晋宁石寨山类型，滇东北地区——昭通闸心场类型，滇东南地区——麻栗坡小河洞类型，滇南、西双版纳地区——景洪曼蚌囡类型，金沙江中游地区——元谋大墩子类型，洱海地区——大理马龙类型，

第三章　历史地理

图 3-6　闸心场遗址出土的文物（邓敏 摄）

澜沧江中游地区——云县忙怀类型，滇西北地区——维西戈登类型。这些不同类型遗址的文化面貌既有各自特点，又存在彼此之间相似或相同的文化元素，说明很早以来，在云南这片土地上，就活动着文化系统各不相同的古代人群。闸心场遗址代表了新石器时代滇东北区域的昭通闸心场文化类型。

闸心场遗址的新石器文化和马厂新石器时代遗址虽同属于一个类型，但陶器的形式，没有马厂新石器时代遗址那样繁多，烧造的技术也要差一些，少见纯色器物，多为红灰间色。从陶器上看，闸心场遗址出现的时代可能比马厂新石器时代遗址稍早。

马厂新石器时代遗址

马厂新石器时代遗址位于鲁甸县茨院回族乡葫芦口村马厂营，属新石器时代至青铜时代遗址。遗址以马厂营土丘为中心，东、西、南三面延伸入草海，分布面积 10 万余平方米。

马厂新石器时代遗址文化层主要分布在东南边、西边的山丘边缘临水处。西边的山丘上文化层厚达 1.3 米,又分上、下两层,上层褐红色,下层深灰色,均含红烧土块、木炭和陶片。出土的陶器以泥质灰红陶和灰黑陶为主,有碗、单耳罐、平底瓶、带流瓶、单耳瓶、敛口罐、久形器、长颈小口小底壶、带"米"字刻符的磨光双耳黑陶罐、平底束腰圆底壶、束颈扁鼓腹圆底壶。陶器多素面,有的造型圆整,表面打磨光亮,外敷一层黑色陶衣,为云南出土的新石器时代器物中所罕见,特别是出土的一种单耳细颈小瓶,在滇池、洱海地区从未见过。另出土石器有石刀、石斧、石锛等,其中,段石锛非常罕见。其石质坚硬,磨制也比较精细,钻孔技术精良。

滇东北境内发现的新石器遗址,大多分布在小河附近的台地上,临河靠山。因此学者推测,这些遗址出土的大量陶器,表明新石器时代滇东北先民已逐步离开洞穴而居住在河边或坡地,以农业生产为主、采集渔猎为辅。考古发现,以马厂新石器时代遗址为代表的滇东北新石器遗址出土文物与滇池、洱海地区及川、黔相邻地区有显著差异,体现了滇东北具有丰富的文化资源。

野石山遗址

野石山遗址位于鲁甸县文屏街道普芝噜村东北部,属青铜时代遗址。地处山麓缓坡地带,海拔约 1930 米,面积约 1 平方千米,遗址依山麓地势由西向东略有倾斜。

野石山遗址分布面积 5.8 万平方米,集中分布在村东的石桥北河道两旁,已发掘面积 425 平方米。地层分三层:褐红色生土层、深灰色文化层、灰色耕作层,其中文化层厚 1.3～1.7 米。出土主要文物有石器、陶器、铜器三类,其中以陶器最多。陶质有夹砂陶、泥质陶,大型器物多见夹砂陶,小型器物多见泥质陶。陶色以褐色、灰色为多,其次为黑色,部分器物因烧制火候差异,器表颜色不均匀。器物装饰极为简单,多为素面,部分器物表面磨光,少量器物肩部装饰乳丁,另有极少数器物饰弦纹或篦点纹。陶器主要可分为罐、碗、钵、盆、杯、瓶、盖、长流器、纺轮等；石器有镞、刀、锛、斧、纺轮、砺石、网坠等，除砺石、网坠外，均为通体磨制；铜器有锛、锥。野石山遗址曾是一个规模较大的陶器烧造场地，遗址内发现大量似乎用于试烧的陶器，基本为小型罐类器，器身多不规矩。大量鸟头形器物反映了与文献记载中昭通上古时期崇拜鸟的杜宇氏族的密切关系。

野石山遗址曾被认为是新石器时代至青铜时代遗址，2002年在遗址第三层发现了铜器与石器、陶器共存的现象，证明昭鲁盆地实际上是青铜时代早期遗存地。通过碳十四断代法测定，推断遗址年代为公元前1300—前900年，距今3000年左右，代表了云南东北部和贵州西北部青铜时代文化发展的一个相对独立阶段。

豆沙关僰人悬棺

悬棺葬是崖葬中的一种，中国南方古代少数民族将棺木独悬于天地之间，形成一种古老而奇特的丧葬形式，俗称"挂岩子"。悬棺葬距今已有约3000年的历史，广泛流行于中国华南、东南亚及太平洋诸岛。

滇东北高原区的悬棺属于僰人遗留，主要分布于盐津县豆沙镇和兴隆乡、威信县长安镇瓦石村，沿金沙江、白水江、关河流域两旁的悬崖峭壁分布。此处悬棺位于盐津县豆沙镇石门村，两崖对峙，宛如石门，故称"石门关"，关河从中间流过。悬棺置于江右崖壁的天然洞隙内，属于天然洞穴式崖葬。根据遗骸DNA检测和碳十四断代法测定，悬棺的主人应为明代中期的僰人。现存棺木10具，依崖壁排列放置，个别棺木已腐蚀。

悬棺采用质地紧密，极为耐腐蚀的贞楠木，当时金沙江流域楠木分布广，属于就地取材。棺木打造极为特别，整根圆木掏空凿制成长方形棺，棺木上、下两个部分利用凹槽相连接，内部自然形成了一个密闭的空间，楠木本身很重，这样的打造方法使得棺木更加厚重。据专家测算，这样的棺木加上死者的重量，竟然达到了五六百斤。至于僰人是以什么样的方式将祖先葬在高耸的崖壁上，至今仍然未解，悬棺对研究古代民族和丧葬习俗具有一定的史料价值（见图3-7）。

图 3-7　豆沙关僰人悬棺（杨德明 摄）

长安瓦石悬棺

长安瓦石悬棺是滇东北的又一处悬棺遗址，位于威信县长安镇瓦石村赵家湾，为唐代悬棺。悬棺主要分布在龙潭白虎岩和瓦石棺木岩两处。白虎岩悬棺原有棺木 20 余具，现已全部坠毁，仅遗存数十个凿孔和 20 多根支撑木桩；棺木岩悬棺棺木保存较好，现存棺木 7 具，其中 4 具已按原貌复制。岩壁面向南方，棺木置放方向均接近北偏东 60°，大致与岩壁平行。其棺木置放方式与盐津豆沙关僰人悬棺放置方式不同，它是在悬崖天然凹入部分的下方，距河面约 150 米，在崖上凿孔打桩，插入木桩支撑，棺木横置于木桩上。

棺木岩悬棺是目前云南木桩支撑式悬棺葬中，已知唯一尚保存原始棺木的遗址点，据碳十四断代法测定，其年代为 776 年前后，时代为唐代中期。棺木均以防腐性、防虫蚀极强的贞楠整木凿制而成，未漆，棺身下宽上窄，四周凿成直角，头大足小，呈长方体形。棺盖为齐头圆弧形拱盖，其外部除去树皮后，几乎未做进一步加工，盖与棺身之间以子母口套合，相当紧密。

棺内骨骼不齐全、缺失较多，且部分骨骼似有火烧过的痕迹。部分骨骼位置不合乎人体部位规律。棺中填充物明显分为三层：上层为填土，中层为干枯树枝和蕨草，下层为尸骨与随葬品，看不出后期人为翻动的痕迹。在成年个体的尸骨中掺和有少年个体的乳臼齿；棺木中的随葬品不多，以麻织品和木、竹制品等生活用品为主，有木枕、木梳、木铲、木棍、锡环、竹索及少量丝织物等随葬品。威信长安棺木岩悬棺的主人可能属葛僚、土僚或仡佬族。考古揭示，该悬棺属唐代五溪蛮二次葬的葬制形式，填补了目前长江上游唐代棺木的空白（见图3-8）。

图3-8　长安瓦石悬棺（郑方星　摄）

东晋霍承嗣墓壁画

霍承嗣墓现位于昭阳区文渊街原文庙内，与汉孟孝琚碑相邻。于1963年被发现于昭通市旧圃镇后海子中寨村，后移至今址。这是迄今为止国内唯一具有确切纪年和地志的一座东晋壁画墓室（见图3-9）。

图 3-9　霍承嗣墓壁画墓主人画像（邱锋 摄）

此壁画墓建于东晋太元年间（386—394），其墓主人是霍峻、霍弋的后裔霍承嗣，霍家是"南中大姓"之一。据墓志铭记载：霍承嗣曾官居使持节都督江南交、宁二州诸军事，建宁、越嶲、兴古三郡太守，南夷校尉，交、宁二州刺史，进封成都县侯等职。墓室坐北向南，其形下呈正方形，墓顶呈覆斗状，整体全用长方形青石叠砌而成。墓石顶棚与四壁上绘制了题材丰富的彩色壁画，并分别题有隶、楷、行三体字，颜色有朱、赭、黄、黑等。墓内四壁彩绘壁画，分上下两层，中间以带形图案为界，下层多反映现实生活，上层反映宗教神话故事，画风较古朴粗略，构图、比例亦较差，当为一般民间画匠的作品。

壁画内容有墓主人、侍从家丁、夷汉部曲、中间侯、金童玉女等人物形象70余人，以及青龙、白虎、朱雀、屋宇等画像。墓室北壁即后壁，是画面重点，上层是一幅写意画，云纹舒卷，远方有人骑马张弓逐兽，近处莲蕊初绽，长蛇缠龟相斗；下层正中是墓主人霍承嗣像，高48厘米，左上方有题记8行，记载霍承嗣的身份、为官经过及建墓时间。墓东壁上层绘朱雀、白虎、房舍、流云等，下层绘持幡送葬队伍13人。西壁上层绘青龙、鸟雀、屋宇；下层绘家丁、夷汉部曲40人（霍家的部曲，是属于私人的武士或奴仆）。从题记及史料得知，此墓实为招魂享祀之墓，霍家先世在荆州枝江，旧为楚国地，有"招魂"俗。该墓为研究东晋时期云南与中原关系、汉彝融合、南中大姓、夷汉部曲以及建筑、民族、宗教、服饰、习俗、壁画发展史等提供了重要的参考资料（见图3-10）。

图3-10　霍承嗣墓壁画、墓主人画像复原图（邓敏　摄）

汉孟孝琚碑

汉孟孝琚碑现存于昭通市文渊街原文庙内，是迄今为止云南发现的唯一一块汉碑，被誉为"海内第一石""滇中瑰宝"。碑于清光绪二十七年（1901）在昭通城南刘家海子马家湾村出土，后移至今址。宣统元年（1909），县吏李临阳等题刻"汉孟孝琚墓"碑立于此碑出土地。

汉孟孝琚碑为长方形砂岩，出土时缺上面一截，残高 1.33 米、宽 0.96 米。碑左侧有龙纹，右侧有虎纹，下有龟蛇纹（玄武），推测上段缺失的应为鸟形（朱雀），谓之"四神"。碑书为隶书，由左直行，共 15 行，除第十三行空白、第五行 3 字、第十四行 16 字、第十五行 10 字外，其余每行 21 字，共存 260 字。立碑的年限，因碑文纪年不全，仅存"丙申""十一月乙卯"语，故对立碑年代没有确切的定论。目前，专家多认为立于东汉桓帝永寿三年（157）。碑的形体、文辞、书法都是东汉时期盛行的风格（见图 3-11）。

图 3-11　孟孝琚碑（邱锋 摄）

碑文记述汉代武阳令之子孟广宗（字孝琚）的生平事迹，"十二随官，受韩诗，兼通《孝经》二卷。未娶早殇，归葬于朱提祖茔"。孟氏为"南中大姓"之一。孟孝琚，原名孟广宗，后改名为孟旋，字孝琚，未婚而死。其父的下属官员刻此碑，送孟孝琚归葬朱提祖茔，以纪念死者和安慰其父亲。此碑的价值是多方面的，从内容上，反映了当时的边疆少年用心学习中原文化，钻研典籍的情景，也透露出当时当地的婚丧嫁娶习俗；从文辞上，碑文文辞雅健，用典较多，从碑文四周所刻的龙、虎、龟纹等图案上，可以窥见汉代当地人民的宗教信仰和石刻艺术水平；从书法上看，碑文为方笔隶书，书体方正平满，笔力遒劲，浑朴古茂。汉孟孝琚碑为研究西南古代民族史、云南与内地的联系提供了珍贵史料，在史学、文学、书法等方面均具有重要价值（见图 3-12）。

第三章　历史地理

图 3-12　汉孟孝琚碑碑亭和状元桥（宋大明 摄）

唐袁滋题记摩崖石刻

唐袁滋题记摩崖石刻位于盐津县城南豆沙镇石门关关河北岸崖壁上，古"五尺道"西侧。唐贞元十年（794），袁滋奉命赴南诏，册封异牟寻为云南王。持册御史袁滋由戎州（今四川宜宾）入滇，途经石门关（今豆沙关）时，在悬崖刻字记述此行经过。摩崖石刻长0.44米、宽0.36米，自左至右竖书，全文8行122字，右7行字楷书，末行"袁滋题"三字为篆书。唐袁滋题记摩崖石刻的内容与新旧《唐书》《蛮书》《资治通鉴》等书记载相同，摩崖文曰：

　　唐贞元十年，九月廿日，云南宣慰使，内给事俱文珍，
　　判官刘幽岩，小使吐突承璀，持节册南诏使御史中丞袁滋，
　　副使成都少尹庞颀，判官监察御史崔佐时，同奉恩命，
　　赴云南，册蒙异牟寻为南诏。
　　其时节度使尚书右仆射成都尹兼御史大夫韦皋，
　　差巡官监察御史马益，统行营兵马，开路置驿，故刊石纪之。

袁滋题

唐袁滋题记摩崖石刻是唐朝与南诏改善关系、重新和好的实物证据，是民族团结的象征，被称为"民族友好的标志"，是唐贞元年中原、巴蜀与云南交通史的真实记录，为研究云南边疆与中原王朝的关系提供了重要实物资料，也是西南边疆文献中不可多得的实物资料。袁滋题记摩崖石刻具有"维国家之统，定疆域之界，鉴民族之睦，补唐书之缺，正在籍之误，增袁书之迹"的重大历史作用（见图3-13）。

图3-13　唐袁滋题记摩崖石刻（邱锋　摄）

瘦石山摩崖石刻

瘦石山摩崖石刻位于彝良县龙安镇火烧坝街西部瘦石山，这里本是当地彝族土官陆盛田屋后的山体，因多石，陆盛田遂在此刻上与好友互赠的诗词书画，留下8处摩崖。自清光绪年间（1901—1905）陆续镌刻于地面0.5～2.5米高的崖壁上，是彝良县境内古代摩崖石刻最多的民族文化遗存。

崖壁由7个部分组成，留存下来的摩崖石刻有诗、联13幅（另有两幅边框，框内无题字），集楷书、行书、草书、隶书等字体，所留诗、联意境高雅，字迹古朴、清新、苍劲有力，有较高的书法艺术价值和绘画艺术价值。瘦石山摩崖石刻内容反映了古代彝族对汉文化的精深研究，其记载的地理环境、山水风光、自然景色，为今天研究生态变化提供了不可多得的依据，具有一定的文学、艺术价值。

大毛滩古人类遗址

大毛滩古人类遗址位于永善县团结彝族乡金沙江支流团结河西岸的二级台

地上，共有两处，两者相距约 400 米。1982 年起，陆续有当地村民发现文物，1994 年经云南省文物考古研究所张永康等专家鉴定，相关文物为新石器时代的石斧。2008 年随着向家坝水电站库区蓄水在即，由云南省文物考古研究所等单位组成的考古工作队正式对大毛滩遗址开展抢救性保护发掘工作。

通过对这两个区域的发掘，考古队发现了一批当时人们活动遗留下的基槽、柱洞等房屋遗迹和火堆、灰坑等生活遗迹，并出土了一批重要的遗物，包括精美的石斧、石纺轮、制造石器的石坯料半成品、饰有绳纹和方格纹等纹饰的陶器残片，以及大量的陶制网坠等生产生活用具。此外，还出土了铜器残片、矿渣，以及当时人们食用各种动物后遗留下来的诸多动物骨骼等。文物考古专家初步将其确定为新石器时代晚期至青铜时代初期人类文化遗址。这一发现说明永善境内在 5000 多年前已有先民居住，他们在团结河与金沙江交汇处的滩涂地带临水而居，主要以渔猎为生，已会制陶、渔猎、养殖，初步掌握了铜的冶炼技术。

经研究发现，大毛滩出土的石斧与昭通市其他县区金沙江流域已出土的文物相似，是金沙江流域下游早期人类文明的见证。同时，把上游楚雄的元谋、大墩子、巧家小东门和下游水富、绥江等地的早期人类文明遗址连接起来，形成了真正意义上的金沙江文化走廊。

永善金沙江矿冶遗址

永善金沙江矿冶遗址位于永善县大兴镇金沙村境内，分布在宫房、炎山等处，属于一个整体。根据相关记载，金沙古矿始于崇祯七年（1634），盛于清代中期，主要冶炼银、铅、锌等，最初是土法采矿，之后规模逐渐扩大，前后兴旺达 200 多年，于道光年间被大水淹没而废弃。

永善金沙江矿冶遗址所在的大兴镇，地下铅、锌矿蕴藏量丰富。据传，该遗址曾是历史上著名的"朱提银"出产地之一，是秦汉时期及之后中原文化和巴蜀文化进入云南的重要交汇地，残存的古矿渣经化验可分析出当时的冶金工艺已达到相当高的水平,有学者认为金沙古矿与殷墟、三星堆等地出土的青铜器密切相关。

绥江岩画

绥江岩画位于新滩镇后坡村大石梁上金沙江边,高出江面约200米,此处是坡度为45°的大石滩,石质为青沙石。分布面积30平方米,原有300多个古彝族文字及祭祀图案,因年代久远,风化剥蚀十分严重,现仅存少量图纹。岩画为阴刻的图案和符号,有古文字100余字,图案10余个。图案有水波纹饰、眼睛图案和男女人像图案等。绥江岩画融日、月、虎、人于一体,民族特色浓厚(见图3-14)。

图3-14 绥江岩画中的图案与符号(马志明 摄)

绥江地处金沙江下游南岸。2000多年前,就有先人聚居生活的足迹,是古滇文化、巴蜀文化和荆楚文化交融地。有学者认为,绥江岩画证明当地是氐、羌民族自远古云南北迁的通道;还有学者认为,绥江岩画以岩画记事的形式证明了曾经存在过的太阳历和"六祖分支"的真相,证明了费孝通先生提出的"藏彝走廊"概念真实存在,是彝族十月太阳历起源的考古证据,同时还揭示出彝族"六祖分支"的真相。绥江岩画是滇东北地区发现的唯一一处岩画,因处于金沙江边,为研究金沙江下游岩画提供了实物资料。

易氏衙门遗址及花碉

易氏衙门遗址及花碉位于永善县溪洛渡街道田坝村,包括衙门遗址及花碉。清代嘉靖年间修建,属易世元、易之栋州同衙门,原衙门为三重堂建筑,由厢房、花厅、天井组成,现存台基及石阶,台基上有浮雕16幅。石雕工艺精美,代表了当时的石雕艺术水平。

花碉位于田坝村花碉一社,土木结构,屋顶为重檐歇山顶,占地约2000平方米。前有护城河,后有茂密林木。屋檐、廊柱上雕龙画凤。建筑内有石刻浮雕及墙体壁画,规模宏大,制作精美,气势雄伟。在碉楼顶层存有距今100多年历史的壁画19幅,内容有花草、人物,画法兼有国画工笔和写意。花碉建筑风格独特,壁画极具艺术价值,是昭通市内质量最好、数量最多的壁画。

该建筑采用土坯墙构筑技术,造价低廉实用,应用灵活;其特别之处还在于用潮湿的稻田制作土坯,待半干后压紧,再以尺寸划分,稻根留作骨料,以加强黏度,干透后便使用。这种土木结合的阁楼形式富有地域特色,是金沙江下游极具代表性的清代建筑之一。

第二节　近代人类活动

扎西会议会址

1934年10月,由于红军第五次反"围剿"的失败,党中央被迫率领中央红军8.6万人从江西瑞金等地出发,向湘西转移,拉开了举世闻名的红军长征序幕。扎西会议,是中共中央政治局于1935年2月5日至10日,在威信扎西境内的水田寨花房子、大河滩庄子上和扎西镇江西会馆连续召开的政治局常委会议、政治局会议和政治局扩大会议等一系列会议。

扎西会议决定"回兵黔北"和部队缩编,为二渡赤水和重占遵义的成功奠定了基础。扎西会议向全党、全军及时传达了遵义会议的主要精神,并对全局性的战略方针与领导问题作了指示。扎西会议决定张闻天接替博古担任中共中央总书记，实际上确立了毛泽东同志在全党全军的领导地位，开始形成党的第一代领导集体。扎西会议在红军长征史上有重要历史意义（见图3-15）。

图3-15　扎西会议会址（宋大明 摄）

一县四城——堂琅县

会泽早在西汉建元六年（前135）就设立了堂琅县，是历史上云南最早设置的4个郡县之一。于今金钟海坝先后建成4座，形成了在不到10平方千米土地上有堂琅废县、水城、土城、石城的格局。

堂琅废县，为汉武帝于距离县城西南方向2千米的马鞍山下乌龙慕置堂琅县治，当时的治所无城。明洪武初，于原址建城。该地水井边发现一块彝文奠基碑，上刻彝文"抱金鸡，守财源"6字，可以佐证此建城历史。因该城建后不久移治所于今水城，故称"堂琅废县"。

水城，位于距县城西北2千米处的万额山南。《四川总志》记载："东川府，府治。洪武中建于马鞍山。后移于万额山南，去旧址十里，正统间，土官知府普德重修。"可见，东川府治从乌龙慕移到水城，是明洪武以后的事。水城府治的情况是"伐木为栅,以卫府城",当时的府城十分简陋。至明朝永乐年间,土官知府普得重修,形成四面环水中置城堡的格局。《东川府志》说它"四面皆水,石基仅存,尚有爨数户"。

土城,建于明嘉靖年间,东川彝族禄氏取代了普姓统治。其后,禄氏土酋3个儿子分家,又于今县城东面1千米处新建城堡一座,因用泥土筑就,故称"土城"。

石城,建于清雍正年间,东川发生了彝族上层反对清朝改土归流的"庚戌之变",清政府以武力完成了这一地区的改土归流。为吸取这一事变的教训,云贵总督鄂尔秦决定于东川府修建石城,于清雍正九年(1731),安排时任东川知府崔乃镛主持修建石城。石城建于灵璧山麓,城墙全用五面石砌成。东、西、南、北设4座城门,为二重檐歇山顶抬梁式木结构,楼阁式建筑。其东、西门分别是进出昆明、昭通等地的主要通道。

万里京运第一站——白雾村

"万里京运第一站"是指会泽县娜姑镇白雾村,位于娜姑坝子东南部。明清时期,由于东川府(今会泽县)铜矿的大量开采和外运,娜姑镇白雾村作为各矿区后勤供给地和"滇铜京运"的起点,逐渐成为商贸集散中心,由此获得"万里京运第一站"的美称。这里经济文化极为繁荣昌盛,遗留下来的会馆、寺庙、天主教堂、商铺、民居民宅等,仍然保持着明清建筑风格的古建筑,成为活的"历史博物馆"(见图3-16)。

"娜姑"之名,原为彝语"纳姑",意为"黑色的土地"。历史上,娜姑镇白雾村早在明代中后期,就已形成影响颇大的集镇规模,成为会泽县西部的商贸重镇,是娜姑镇的政治、经济、文化中心。白雾村主要街道为东西走向的一字街,石匠房铜运古道穿街而过,翻越银厂坡至东川府城。白雾村集中了娜姑镇绝大部分古建筑,除了寿佛寺、三圣宫、张圣宫、万寿宫、文庙、财神庙、太阳宫、祠堂、常平仓、养济院、大戏台、天主教堂等古建筑坐北向南排列外,其余如马店、驿站、青楼、店铺、典型民居鳞次栉比组成集镇市容,是当时经商往来的要道驿站。

图 3-16　白雾村——万里京运第一站（李永星　摄）

清同治十二年（1874），民间群众文化团体"崇正学社"就以白雾村为活动中心，被群众普遍称为"圣谕堂"。"崇正学社"宣扬儒典，是娜姑地区影响颇大的群众文化团体。如今白雾村的繁华与喧嚣已随时间散尽，但是街上的民居、庙宇等古建筑仍彰显其明清风格，显示独特的地方特色，是悠久的历史文化传承的实物见证。

江底五桥共存

江底古镇位于云南省昭通市鲁甸县最南端，是昭通的南大门，地处昭通市鲁甸县、曲靖市会泽县和贵州省毕节市威宁县的"两省三市三县"交汇处，隔牛栏江与会泽县迤车镇相望，因地处牛栏江峡谷谷底而得名江底。

江底古镇自古就控制着中原进入云南腹地的咽喉，五尺道和南夷道都途经江底，是南丝绸之路上的重要驿站，曾经留下了诸葛亮挥师南下的身影，也见证了历代驿卒策马扬鞭、跋山涉水的往事。关于江底存在五桥已得到当地百姓认可，但其五座桥梁所属及其修建于何时、存在于何地则众说纷纭。本词条参阅鲁甸县志、鲁甸地名志、昭通市志及昭通市交通运输局公众号等文献资料，梳理出五桥史实,将现今的高速公路高架桥按现在称谓归为一座。在江底古镇牛栏江河段上,存在从清朝年间修建的铁索桥到如今的高架桥五桥共存的奇观(见图3-17、图3-18)。本区桥梁的演变从一个侧面见证不同时期滇东北交通的发展历史变迁。由于鲁甸县志和鲁甸地名志记载的桥梁修建年份及长度等数据资料均存在不一致,数据以新版的昭通市志和鲁甸县志为主。

第一桥,江底铁索桥,又名"永安桥""福德桥"。初建时期已无从考据,清嘉庆二十二年(1817)复建,由吴联升倡建,道光年间倾毁。同治十三年(1874),昭通镇总兵吴永安,委鲁甸守备段时行、江底汛弁赵文锦等人择旧址再建江底铁索桥。历时8个月修建了一座总跨度38米、桥宽3.04米的铁索桥。桥墩石砌,以14根铁索与南北桥墩相连,

图3-17 江底三桥同框胜景(邱锋 摄)

图3-18 江底四桥同框胜景(宋大明 摄)

铁索用锻铁圆孔互扣，使铁索桥十分牢固。桥面上铺木板，构成铁索木面板。施工中民工掘获古石碑1块，上书"永安桥"。时任云贵总督的岑毓英曾在鲁甸方桥头边立碑题联："桥横铁索千年水，江汇金沙万里来。"此桥堪称中国民间"锁扣"桥的典范，是铜运古道的重要节点（见图3-19）。

第二桥，江底钢梁桥，也称江底钢板拱桥。建于民国33年（1944），滇越铁路公务组周念先设计，民国36年（1947）竣工通车。两岸砌石墩，桥体钢梁，面铺模板，长74米，四孔跨，中跨20米，钢架用角铁铆钉联结成鱼腹式钢梁。此桥代替永安桥成为南北通衢要津（见图3-20）。

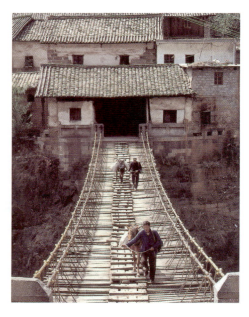

图3-19　第一桥：江底铁索桥
（宋大明　摄）

图3-20　第二桥：鱼腹式钢梁公路桥（宋大明　摄）

第三桥，江底大桥，也称江底双曲拱桥，为钢筋混凝土双曲拱公路桥，于1978年开工建设，1979年建成通车（见图3-21）。

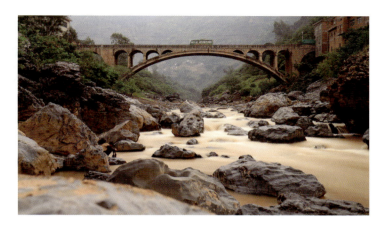

图3-21　第三桥：江底双曲拱桥（宋大明　摄）

第四桥，江底大桥，为国道G213线跨牛栏江的大桥，钢筋混凝土土箱型拱桥。该桥是石拱桥，主跨1孔，长60米，两岸各1孔，跨径8米，桥长99.46米。该桥见证了昭通改革开放经济社会的初步繁荣（见图3-22）。

图3-22　第四桥：钢筋混凝土土箱型拱桥（宋大明　摄）

第五桥，江底特大桥，采用现高速公路桥名。此桥由2007年建成的昭待高等级公路江底大桥和2015年建成的高速公路江底大桥构成。其中昭待高等级公路江底大桥为G85昆明至昭通方向的江底特大桥，桥高125米，距江面168米，跨径600米，时称"亚洲第一高公路桥"；G85昭通至昆明方向的江底特大桥，全长754米，主墩高130米，主跨190米，桥面距水面高165米，成为云南省同类型最高的连续刚构桥，是一座世界级的公路高桥，也是云南进入成渝经济区的重要通道（见图3-23）。

图3-23 第五桥：江底特大桥（宋大明 摄）

龙氏家祠

龙氏家祠位于昭阳区永丰镇绿荫村，是民国时期云南省主席龙云祭祖的祠堂。家祠始建于1930年，由龙云的胞妹龙志桢负责修建，1933年完工，宅院及附属工程最后竣工于1942年。2003年被列为云南省重点文物保护单位，2013年被列为全国第七批重点文物保护单位。

龙氏家祠主体包括祠堂和宅院两大建筑群，并有门楼、粮仓、月牙池、花园、碉楼、网球场、城墙、护城河等附属设施，体现出中西合璧的建筑理念。祠堂建筑群坐南朝北，占地面积16830平方米，整体呈长方形，外设护城河，宽4米，沿南北纵深方向对称，是中国传统的院落式布局。在中轴线设计三进院落，由北至南依次是照壁、前院、西式券门、中院、享堂、后院、寝殿，东西两侧设计了厢房、耳房、天井和附属院落，整个布局严谨规整，组成二进四合院。后院四角有4个漏角天井，正殿单檐歇山顶。原有城墙用土夯筑，仅留下毛石堆砌的墙垣。现维修后的城墙在原基础上改为砖砌，高3.8米，宽3.2米，恢复垛口及女儿墙。城墙西北角建有碉堡。

龙氏家祠从整个外围可看出，其防御性极强，易守难攻。全祠各院内均雕梁画栋，祠堂正殿悬挂蒋介石题写的"封鲊丸熊"牌匾，各类牌匾既反映了中国传统文化，也反映出龙云和国民政府间的关系。龙氏家祠是云南省民国时期的优秀历史建筑的重要实物资料，有重要的历史价值、文化艺术价值（见图3-24、图3-25）。

图3-24 龙氏家祠（邓敏 摄）

图3-25 龙氏家祠后院及厢房（杨德明 摄）

罗炳辉将军故居

罗炳辉将军故居位于彝良县角奎街道阿都村偏坡寨，始建于清光绪二十三年（1897）。

罗炳辉历任红军第六军二纵队司令员、十二军军长、九军团军团长、中华苏维埃共和国中央执行委员、淮南军区司令员、新四军第二副军长兼山东军区第二副司令员等职，1946年病逝。1989年，中央军委确定罗炳辉为中国人民解放军33位军事家之一。电影《从奴隶到将军》中主人公罗霄的原型就是罗炳辉将军。周恩来、江泽民先后赞誉他是"人民功臣"。毛泽东评价他是"正派耿直""在滇军中是革命的""战争经验丰富，有军事才能，很会打仗"的战士。

罗炳辉故居是罗炳辉16岁离家从军前的居住之地，为土木结构，茅草屋面，坐北朝南，后在原址基础上进行了翻修，陈列有罗炳辉在家时使用的生活用具。保护范围内有罗炳辉高祖罗凤鳌墓，父亲罗守清、母亲黄氏墓，妻子李凤桂墓，以及《罗炳辉祭父文碑》。现为省级文物保护单位和全国爱国主义教育示范基地（见图3-26）。

图3-26 罗炳辉将军故居（赵昱 摄）

姜亮夫故居

姜亮夫故居位于昭通市昭阳区陡街120号，为四合庭院，始建于清代。坐南向北，由正房、东厢房、前厅组成。正房两层，单檐硬山顶穿架结构，雕花门窗，青瓦屋面，筒瓦调脊扣边。现仅存庭院、正堂、东厢房、耳房、厨房等，占地约200平方米。故居内陈列了姜亮夫生前相关影像资料、生前手迹、往来书信、著作等文物100余件，展览室里还安放了姜亮夫的塑像（见图3-27）。

图3-27　姜亮夫故居（邓敏　摄）

姜亮夫先生是昭通人，著名的国学大师，在楚辞学、敦煌学、语言音韵学、历史文献学等方面学术成就显著。从法国留学归国以后，先后在河南大学、东北大学、云南师院（现云南师范大学）、国立英士大学（已撤）、云南大学等高校任教，并且兼任过云南省教育厅厅长、云南省军政委员会文教处处长等职。1950年以后，姜亮夫调任杭州大学教授，长期在杭州大学和浙江大学执教。

在70多年的学术生涯中，姜亮夫先生的研究领域多有变化。他在楚辞研究方面成就卓著，是第一位对楚辞学做综合研究的专家，被誉为"楚辞学大师"。

著有《诗骚联绵字考》《楚辞通故》《屈原赋校注》《重订屈原赋校注》《楚辞学论文集》《楚辞书目五种》《楚辞今绎讲录》《屈原赋今译》《二招校注》等楚辞研究系列著作。在敦煌学方面,姜亮夫先生著有《瀛涯敦煌韵辑》《瀛涯敦煌韵书卷子考释》《敦煌学概论》《莫高窟年表》《敦煌学论文集》《敦煌——伟大的文化宝藏》《敦煌碎金》等作品。

清官亭

清官亭位于昭通市昭阳区主城区清官亭公园内。清嘉庆十四年(1809),当地知县王禹甸修建供城内居民用水的"三多塘",并建亭于池水中央。据说是为纪念王禹甸为官清、慎、勤、能,故将其更名为"清官亭"。清官亭建于水池中,两层楼式建筑,东面建石桥相通,前后两亭相连。前亭平面呈长方形,四面坡瓦顶,总建筑面积305.25平方米。后亭平面呈正方形,盔顶,每边宽5.5米、高10米。清官亭是昭通标志性建筑和人文胜景,以清廉为主题的文化背景具有重要警示意义(见图3-28、图3-29)。

图3-28 清官亭(宋大明 摄)

图 3-29　夜幕下的清官亭（杨德明　摄）

望海楼

望海楼位于昭通市昭阳区凤凰办事处学庄社区六社凤凰山下望海公园内，又名"恩波楼"，于清乾隆二十四年（1759）由恩安县知县沈生遴建。

据《昭通志稿》记载："乾隆二十一年知恩安县事。兴修闸坝，讲求水利，又亲定蓄放条规，民遵行。昭通田亩之获水利，公之力为最多也。四乡均有俾，纪其政声。"沈生遴在主持兴修水利工程中，为把水引到昭通坝子，于利济河、瓦窑河河道上修了18道闸坝，合理分配水源，调节水的丰歉，提高灌溉效益，完善了昭通坝子的灌溉渠系。其中，尾部的留余闸位置至关重要，"为附郭众流所归，一郡之关锁"。为方便看闸管理和"障蔽南方火星"，沈生遴参考了勘舆、风水的说法，在闸埂上建了一座江南风格的三层楼。《昭通志稿》记载其"平畴万顷，映日疏风，水光潋滟"，故命名"望海楼"。后云南总督爱星阿到昭通，为讨好皇帝，将"望海楼"更名为"恩波楼"，寓意"圣皇天子，恩泽四海"。但当地百姓习惯称"望海楼"。咸丰年间，望海楼毁于兵燹。光绪年间，邑绅杨履乾倡议并筹资重建，2010年再次修缮。

望海楼平面呈方形，通面阔14米，高约27米，抬梁式木结构，三重檐将军盔式顶。楼内存碑刻3通：《恩安添建蓄水闸碑》是乾隆二十五年（1760）立，现存上半段，残留阴刻楷书24行654字，知县沈生遴撰，记述"改土归流"后恩安县(今昭通市)兴修水利和垦殖农田的情况；《重修恩波楼碑记》为光绪三十年（1904）立，阴刻楷书，记述始建年代及其环境，后遭兵燹及重修；《重建恩波楼募捐功德碑》为光绪三十二年（1906）立，阴刻楷书，记募捐功德。望海楼是昭通坝子兴修水利和垦殖农田的历史见证，具有重要的实物资料价值（见图3-30）。

图3-30 望海楼（杨德明 摄）

"达崎开塞"石刻摩崖

"达崎开塞"石刻摩崖位于盐津县城北、关河南岸墨石沟青石上，是"五尺道"上的石刻之一，为清乾隆庚寅年（1771）修凿滇、川步道时，大关厅丞刘念拔所题书。

青石正中从右至左横书阴刻"达崎开塞"4个大字，每字高44厘米、宽29

厘米；右书"清乾隆庚寅春立"，左书"朱提江右刘念拔题书"，字大如斗，为楷体；四周阴刻长方形边框。摩崖岩体因洪水冲击破裂脱离倾斜。

经考证，大清庚寅春即是清乾隆三十五年（1770），正是转运京铜、开采盐津铜矿、八省移民入住昭通所属各县的高峰时期。"达崎开塞"意寓昔日蛮荒之地，因铜矿的开采及滇铜京运促进航运开通。大量移民纷至沓来，使关河流域呈现一派繁荣景象。"达崎开塞"是当时为转运京铜而开浚关河水道的重要佐证，对研究滇、川交通发展有参考价值。

彝良陇氏庄园

彝良陇氏庄园位于彝良县龙街苗族彝族乡窝铅村境内雄奇险峻的锅圈岩坡地上，始建于清乾隆年间，全名"拖姑梅陇氏庄园"，为江南园林式庄园，是芒部陇氏后嗣陇永昌故居。

清雍正五年（1727），政府实施改土归流，陇氏土司制度被废除，然而陇氏土司后裔实质上仍把持着地方的政治、军事权力，垄断土地和其他财产。清末民初，由陇永昌次子陇维崧主持重建陇氏庄园，历时20多年竣工，占地约20000平方米。陇氏庄园以江南园林格调为主，并存土司署衙和封建地主庄园格调，两大建筑群风格各异，而又交融共处、浑然一体。

陇氏庄园在建筑布局上，为石木结构，墙体由石头砌筑，面层土黄抹灰，两进院落。前一进由大门、左右厢房和土司大堂组成；后一进为宅院，由正房和左右厢房构成，建筑古朴典雅。庄园内余留有一个碉楼，碉楼主要为石头砌筑，碉楼下有一个水牢。陇氏庄园遵循儒家的"礼"和道家自然无为的"道"的思想，由北向南逐级升高，依山而建；在营造思想上还受到风水学的影响，建筑采用坐南朝北依山傍水的格局，南北长东西狭的"吉"宅地；墙上残留着西洋线脚，门窗采用西洋形式，说明了清末民初彝族受到西方外来文化的影响；后花园里设有小桥流水、亭台、山石、竹园等，说明建造人陇维崧具有较高的汉文化素养（见图3-31、图3-32）。

图 3-31　陇氏庄园（赵昱　摄）

图 3-32　陇氏庄园小姐绣楼（赵昱　摄）

豆沙古镇

豆沙古镇位于盐津县豆沙镇石门关，遗存文物众多、史料价值高，处在交通要道，历来是中原入滇要冲。这里新石器时代就有人类居住，公元前4世纪"南方陆上丝绸之路"就从此经过。秦开"五尺道"、汉筑"南夷道"、隋唐开"石门道"，更加速了这里的开发进程。

有史料记载，豆沙镇自三国时期诸葛亮南征后始见繁荣；隋史万岁南征后闭"石门道"，一度冷落；唐贞观四年（630），为南通州石门县治，南诏时置石门镇，贞元十年（794）袁滋赴云南册封异牟寻为南诏时开路置驿；清雍正九年（1731）为昭通镇标左营豆沙讯，乾隆时为转运京铜岸站之一，宣统三年（1911）为大关厅豆沙乡。

豆沙古镇是随古道驿站发展而成的。镇上的居民，多是清乾隆时期来自四川、贵州、湖南、湖北、江西、福建、安徽、广东八省的移民后裔。这里遗存文物众多：有史料价值高、具有代表性的历史文物僰人悬棺；有距离最长、保留最完好的秦"五尺道"；有维修复原、屹立关隘的隋代古城堡；有闻名遐迩的唐代袁滋题记摩崖；有明末清初如意斗拱装饰的三重檐歇山顶式建筑观音阁；有玲珑精致的清代三观楼塔；还有清乾隆年间铁钟、大鼓等。这对研究古驿站、古道、历史文物等具有重要的实物价值（见图3-33）。

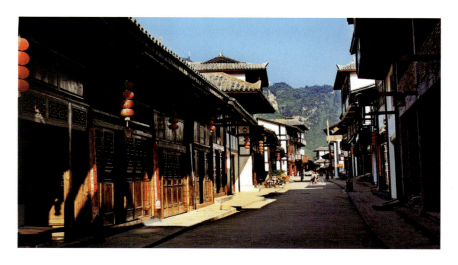

图3-33 豆沙古镇（宋大明 摄）

楼坝古镇

楼坝古镇位于水富市向家坝镇楼坝村横江左岸，与对岸四川横江镇轮渡相通，是"五尺道"的要塞，也是"南方陆上丝绸之路"进入云南的起点。

楼坝古镇有闻名的"四古"：古墓遗址、古渡拜台、古渡楼子和古石寨。古墓为东汉古墓群，是研究滇东北地区东汉时期的重要历史依据；古渡拜台为清道光二十年（1840）乡民集资修建，呈半圆形，高9米、半径4.5米宽，由四青条石砌成；和古渡拜台连为一体的是古渡楼子，为重檐歇山式，灰瓦顶，主楼、副楼为全木结构，主楼没有丝毫或钉或锭的痕迹，是能工巧匠的杰作；古石寨建于清咸丰年间，高5米、宽1.5米。清同治二年（1863），太平天国翼王石达开率大军入四川宜宾县境内经过此地并在横江上与清军交战。楼坝古镇是川、滇主通道水陆枢纽，在川、滇交通史和近代史研究方面均有重要价值。

牛街古镇

牛街古镇地处彝良县东北部白水江边，有着1600多年的历史，处于川、滇两省四县八乡（镇）的要冲位置，是彝良县的"北大门"。

牛街古镇始建于东汉时期，初兴于明洪武年间，鼎盛于清乾隆年间。镇上的居民，他们的先祖多来自四川。牛街古镇因逢农历的牛、羊日赶大、小场而得名。古镇是川、滇两省人流、物资的集散地。"拉不完的昭通"指昭通的货物在这里集中，"填不满的叙府"指叙府的货物从这里转运。

白水江从南到北经牛街古镇一分为二，古镇房屋临江而建、依山而筑，形成高高低低，错落有致的吊脚楼、四合院。这里现有800多间中西合璧的以木架为主的房屋。其中有保留较为完整的明清时期所建街道2条、青瓦木竹质结构"串架房"民居400多间；保存基本完整的名院豪宅，仅存张家大院、骆家大院等6处；保留中西合璧的四合院2处，建筑风格迥异、布局合理、工艺精湛。建于清乾隆、嘉庆、光绪年间的万寿宫、城隍庙、岑公祠，有上下观音堂等10

多处庙堂。大多数房屋的墙壁、坊楼上还依稀可见工艺精巧的石雕、木刻、泥塑图案、图腾,如鲤鱼跳龙门、荷花、仙桃等。中原文化、巴蜀文化和古滇文化在这里相互碰撞、相互融合、交相辉映,这对研究古镇布局、建筑、雕刻具有重要的实物价值(见图3-34)。

图3-34 牛街古镇风貌(宋大明 摄)

第四章　文化地理

第一节 民俗文化

朱提文化

滇东北高原区的昭通市,位于云南、贵州、四川三省接合部,地处金沙江下游右岸,曾被称为"小昆明",有着"锁钥南滇,咽喉西蜀"的称谓,古称"朱提"和"乌蒙",在早期形成了独具特色的朱提文化。昭通是朱提文化的起源与发展地。在秦开"五尺道",沟通西南夷的基础上,汉晋时期,大批汉族移民不断迁入朱提地区,推动了滇东北朱提地区经济文化的发展。东汉时期,随着滇国的灭亡及其文化的衰落,朱提地区不仅成为中原政治和文化影响力进入云南的前沿阵地,而且接替滇池地区成为当时云南的文化中心。唐、宋、元、明时期,朱提地区被称为"乌蒙",建置多不稳定,此时朱提地区的政治和文化地位急剧下降。

朱提地区富含铜矿、银矿,铜矿开采较早,到东汉时期,已成为全国青铜制造业的重要基地。传世及出土的朱提、堂琅铜洗，大部分标识有纪年及产地，其纪年历经东汉章帝建初元年至灵帝建宁四年（76—171），表明这一个世纪是朱提青铜文化鼎盛发展的时期。朱提地区从汉代开始，就以开采、冶炼产量大和纯度高的朱提白银著称。从汉代至清代，朱提银曾长期在全国市场货币流通并起到重要的作用，也长期被作为"白银"的代名词。1901年出土于昭阳区白泥井的"海内第一石"汉孟孝琚碑，是云南省迄今发现的唯一一块汉碑，其书法和史料价值是儒家文化在朱提地区繁荣发展的实物象征；1963年发现于昭阳区后海子的东晋霍承嗣墓，建于东晋太元年间（385—394），墓中壁画是研究东晋时期云南与中原关系、汉彝融合的实物资料。

朱提文化是以汉文化为主，受到滇、夜郎、巴蜀等诸多文化因素的影响，是远古时期到南北朝时期滇东北文化的代表和概括。在云南，它上承滇文化，下接南诏大理文化，为云南文化的三大发祥地之一，在中国文化史上占有一定的地位。

多民族杂居

昭通自古以来就是一个多民族杂居的地区。早在石器时代，昭通便有土著居民生息、繁衍。秦汉时期，随着中央王朝的经营，汉族开始进入云南，昭通则起了重要的通道作用。中原的汉族人民或借道昭通进入云南各地，或定居在昭通境内并与境内各民族杂居、交融。元、明、清时期，随着中原王朝对云南统治的不断深入，进入云南的汉族人口也不断增多，由此促使云南的民族分布情况发生了质的变化，汉族成为云南的主要民族，人口最多，其他民族成为少数民族，处在云南东北部的昭通也逐渐形成以汉族为主体的多民族分布格局。这种格局对昭通此后的政治、经济、文化、民族关系等方面产生了深远的影响。

滇东北地区除汉族外，还有彝、苗、回、白、壮等23个少数民族，少数民族人口占总人口的10.96%。其居住特点是大杂居、小聚居，点多面广，属于典型的非民族区域自治的散居民族地区。苗族分散居住在各县（区）高寒山区；

彝族以昭阳、鲁甸、巧家、镇雄、彝良、永善、大关7县（区）为多；回族主要居住在昭鲁坝区；壮族以鲁甸、巧家2县为主；白族以镇雄县为主；布依族以巧家县为主；水族以彝良县为主；蒙古族以镇雄县为主。

滇东北地区由于汉族人口的长期迁移，奠定了现今汉族人口多、少数民族人口少且呈零散分布的格局。这种分布导致本区域内各民族间不同程度的文化融合，如彝族长期保留火葬的丧葬习俗，但进入清朝中叶以后，也开始流行土葬和树碑。昭通一带的彝族大部分使用汉语，少部分彝语、汉语同时使用；苗族本是信仰万物有灵论，但随着晚清基督教的传入，彝良、大关等地的苗族也开始信仰基督教，其社会生活也发生了重大变化。境内苗族由于长期与汉族、彝族等少数民族杂居，在苗语中夹杂着大量的彝语、汉语借词。

会馆云集

清康熙三十八年（1699），东川府禄氏献土设流后，因其发达的铜业和"湖广填四川"移民大潮的冲击，湖广、江西等中原数省汉民大量涌入东川府（今会泽县），一时间会泽县城"贾商云集，八方辐辏"。

"一业兴而百业举"，随着铜业的发展，全国各地成千上万的商人、工匠来到东川府。会泽街上出现"十里不同俗，一巷不同音"的状况。这些外籍客民为了自身安全和经济利益能够得到保障，纷纷以同乡结党兴办同乡会馆，以同业协会举办同业庙会，以宗教同宗建立各类寺庙。据统计，一个3.6平方千米小县城内竟先后建起省级会馆11处、府厅州级会馆7处、县级会馆2处，以及9个较大规模的行业庙会、22个规模较大的宗教性庙宇，加上近郊的各类庙宇共108座，形成了享誉全国的"会馆文化"，使会泽成为中国会馆最多的县城。会泽现存会馆、寺庙仍有38座，被誉为"会馆之都""会馆之城"。其中，江西会馆（见图4-1）、湖广会馆（见图4-2）、贵州会馆、云南会馆、江南会馆、福建会馆、陕西会馆和四川会馆"八大会馆"最为出名。"八大会馆"是各省在清代各个时期到东川府采办铜矿的办事处，又是同乡聚会的重要场所，也是各省商会的组织机构。

第四章 文化地理

图 4-1　江西会馆（吴正权 摄）

图 4-2　湖广会馆东岳宫（李永星 摄）

东川会馆是明清时期政治社会、经济发展到一定时期的历史产物，它作为同乡和同业之人的活动场所，以同乡和同业之间的"人情"为纽带，稳定乡民，共商公约，确保社会稳定。它不但维系着外籍移民的精神寄托，而且极大地丰富了当地的文化内容。会馆是各省建筑技术和建筑艺术在西南地区的典范，实

· 221 ·

际上是一次地域文化的大迁徙，各种文化在这里碰撞和融合，具有清代各个时期各省建筑理念和建筑特色，堪称"明清古建博物馆"，具有较高的科研价值、历史价值和艺术价值。

大龙洞道观

大龙洞道观坐落于昭阳区北闸街道大龙洞内。大龙洞是古代水利工程。据相关资料记载，西汉平帝元始年间，梓潼人文齐到朱提任职，率领当地人民"穿龙池，溉稻田，为民兴利"，龙洞即为当时开凿。至今，洞内仍有清泉流出，水质优良，是昭阳区城市居民生活的重要水源之一。洞内壁间保存有民国时期云南省主席龙云题字"龙洞"和清乾隆五十七年（1792）恩安知县汪人瑞所题楷书"云霞蒸蔚，水远流长"摩崖石刻一方。清乾隆三十年（1765）洞前修建有龙神祠（又名"大龙洞寺庙"）。

据《昭通县志稿（民国）》记载："雍正十年，先在昭通县内的宝山建庙，乾隆五年，始建大龙洞道观……"《昭通市大龙洞道观道教历史碑序》记载：清乾隆时此地只一小祠，为民众上香火之处；至咸丰年间，有龙门派十八代弟子旷永曜祖师在此住持宏道。至光绪年间，住持吴正园祖师对此观翻修扩建，之后周永清、戴宗诚先后住持该道观。1983年，昭通市政府请四川青城山全真龙门派二十代弟子戴明春道长来大龙洞道观作住持，大龙洞道观再度燃起了香火，游客香客来往不绝。道观中供奉张天师、真武帝、吕洞宾及丘祖、药王、三官神像。

大龙洞道观自建观以来一直是滇东北道教的活动中心，道观道众功课严谨，戒律严明，修持有序，是道教名山之典范。每逢庙会，相邻的几个县的信徒香客，都赶到大龙洞龙神祠"祭龙"，烧香朝拜，俗称"祭龙会"，又称"飞龙节"。除此还有演戏、跳民间舞蹈、耍水龙等各种民俗活动，逛大龙洞道观庙会仍为昭通人民的传统活动（见图4-3）。

图 4-3 大龙洞道观（任继敏 摄）

滇东北彝族

滇东北地区（昭通市、会泽县）目前有彝族 24 万余人，是本地区主要的少数民族之一。据《西南彝志》等彝文古籍记载，昭通是彝族的发祥地之一。昭通古称"窦地甸"，居住着彝族窦氏部落，住地叫"窦家坝子"。"六祖分支"前，武僰氏称雄，以鲁旺（今鲁甸县）为中心居住着尼、能等彝族部落。

彝族族源有东来、西来、南来、北来以及土著等多种说法。至今，本区彝族源于西北氐羌之说仍占主流，认为南迁的一支就是"六祖分支"的先民。唐代以来，滇东北地区一直是彝族先民重要的聚居地之一。唐宋时期，彝族先民称雄部落，出现了"乌蒙王"等重要首领。元明两朝中央政府在此实行土司制度，以当地彝族先民首领总管地方事务。清雍正年间，云贵总督鄂尔泰在西南地区以武力方式推行"改土归流"，彝族部落首当其冲。清末民初，滇东北地区彝族社会开始复苏，涌现出了一大批投身革命的先进分子，以昭通的龙云、卢汉为首的彝族上层人士，为辛亥革命、抗日战争、解放战争做出了杰出的贡献。

昭通境内彝族主要为彝语支的东、北部两大方言：东部方言人口居多，约占全市彝族人口总数的 85%；北部方言人口较少，以永善县、巧家县沿金沙江岸边的彝民为主，约占全市彝族人口总数的15%。他们盛行自然崇拜、鬼魂崇拜、祖先崇拜和土主崇拜。自然崇拜丰富多彩，石、树、竹、龙虎、山峰等都可以作为崇拜对象；彝族人普遍认为人死灵魂不灭；彝族人分别通过堂屋神龛、灵牌祭、岩洞置贡品等方式崇拜祖先，其神龛中往往贴有"天地君亲师"等字样；土主崇拜即把贵族祖先和有功之祖作为土主崇拜，每逢农历二月初八举行祭祀土主活动，并形成了昭阳区范围内二月初八耍大龙洞的风俗。彝族火把节是其最为重要的节日，每年农历六月二十四晚上，男女老少齐打火把、欢歌载舞（见图4-4）。

（a）摸亲

（b）抢亲"打响篙"

（c）哭嫁

（d）背新娘

（e）打花脸

图4-4　彝族婚俗过程（宋大明　摄）

回族

昭通市回族属于移民后裔，人口占云南省回族人口总数的1/4，是全省回族居住较为集中、人口最多的地区。据昭通回族中24个姓氏的家谱、碑文记载：回族始祖原居阿拉伯、波斯、中亚细亚一带，因经商、随军等因素自唐、宋时期开始先后进入中国，落籍西北陕、甘、宁、新等省（区）。元明清时期因随军、开矿、经商、屯垦等，经昆明、大理、曲靖、陆良、沾益、威宁、西昌，逐步迁居昭通。

元朝时期，到昭通从事屯垦的回民有数千人；明洪武十四年（1381），朱元璋派遣傅友德、蓝玉、沐英率军征伐云南，蓝玉、沐英是回族，营中有众多回族军士，部分回民落籍于威宁、昭通、鲁甸；清雍正年间，鄂尔泰派回族将领哈元生先后两次率兵进入乌蒙，军中河北、西北的大批回民在今昭通市区、鲁甸县、永善县部分乡村落户定居。随后，在乌撒（今威宁）屯田的部分回民到昭通、鲁甸定居务农。至此，昭通回族的分布格局基本形成，绝大部分集中分布在昭阳区和鲁甸县。

回族落籍于乌蒙山区以后，按照自己的文化传统和生产生活的需要定居在本区交通方便、土质较好、水源丰富、冷热适度、便于农耕和牧养的昭鲁平坝边缘。礼仪习俗方面，孩子出生三五天内，需请阿訇起"经名"。回族中虔诚的信教者，每天礼拜前必须"净身"，分"大净"和"小净"。着装方面，老年男性头戴白、黑布帽，中青年男子只在民族节日清真寺聚礼时才头戴白布帽；已婚山区农村妇女包丝绸帕包头、发挽纠纠、别簪子、不落发、戴银首饰等，城镇或农村部分女性受汉化影响，穿着与汉族无异，只在礼拜时头戴白盖头。昭通回族，对伙食要求严格，忌食猪肉、自死动物肉，禁食牲畜血液和一切凶猛禽兽的肉、没有腮的鱼；忌食烟、酒等。昭通回族多数人喜欢喝茶，中老年人常吃罐罐茶。当地有一种说法，"汉族的烟，彝族的酒，回族的茶"，足以说明喝茶是当地回族民众的喜好之一。

昭通苗族服饰

昭通境内苗族分为滇东北次方言苗族和川黔滇次方言苗族。两支系苗族服饰的共同特点是蜡染,主要用于女裙图案线条的描绘。两支系服饰的差异体现在刺绣方面,滇东北次方言苗族特别注重毛线的使用,川黔滇次方言苗族特别注重丝线的使用。服饰是支系的重要标志,女装变化尤为突出。支系之间可以通婚,但不通装,女子嫁到夫家,服饰随夫方改变。两种方言的苗族服饰各有特点,滇东北次方言苗族多穿自织、自染的麻布衣裤:男性多穿白麻布对襟长衫和靛染长衫,男裤短而宽,齐膝为好;妇女上装均为白麻布黑袖对襟短衣,裙子均为百褶裙,分扎染裙和蜡染裙。川黔滇次方言苗族男性着长衫,用靛染麻布或机织布做成,领口和袖口有1~2道花边、3排纽扣,多用丝线或布条编织;妇女上装有的是小领左衽短衣,有的是挑花领子的燕尾式长衣,有的是外蓝内白双层右衽中长衫,裙子有素裙和花裙之分。

苗族在走亲会友或重大节日所穿的盛装,也称"花衣"或"礼服"。滇东北次方言苗族男性盛装有小袖式、大袖式和卯骚式3种。川黔滇次方言苗族男性盛装有2种,一种在长衫袖上绣1~2道花边,一种在对襟衣两面各绣一块呈升子底与衣服相脱节并与衣服的肩扎线相连,且四面嵌手工制作的花纹图案,背后绣一块与领和肩相衔接的花纹图案,裤为宽腰大裤脚长裤;妇女盛装称为"励装",一种是反托户三筒绣花牌子底超襟(苗语为"超褂"),一种是二筒花脚边边花长衫(苗语为"超排礼")。苗族妇女不论着素装或是盛装,都系围腰、扎腰带,腰带有绿丝带、白麻布带之分(见图4-5、图4-6)。

图4-5 白苗男子服饰

(郑方星 摄)

第四章 文化地理

图 4-6　白苗女子服饰（郑方星　摄）

乌蒙山型彝族服饰

彝族服饰因地域、方言不同而显现差异，主要划分为凉山、乌蒙山、红河、滇东南、滇西、楚雄 6 个类型。乌蒙山型彝族服饰流行于镇雄、彝良、威信等县以及贵州省毕节市等彝族聚居区。该类型服饰与凉山彝族服饰大体相同，保留传统特点较多，与东晋时期昭通霍氏墓壁上所绘彝族装束一脉相承。

该类型服饰特点为青兰色大襟右衽长衫、长裤，缠黑色或白色头帕，系白布腰带，着绣花高钉"鹞子鞋"。男性服装无花纹，出门常披羊毛披毡；妇女服装领口、袖口、襟边、下摆、裤脚均饰彩色花纹和组合图案，汉语俗称"反托肩大镶大滚吊四柱"，头缠青帕作"人"字形，并戴勒子、耳环、手镯、戒指等银饰，婚后则以耳坠取代耳环，系白色或绣花围腰，身后垂花飘带（见图4-7）。个别地区彝族妇女着短衣长裙。

图 4-7 彝族服饰（郑方星 摄）

彝族"哭嫁"

哭嫁是彝族重要的婚俗文化传统，表达了彝家女儿对"父权制"社会下女儿无自主婚姻所带来的痛苦和无奈，是对男权社会的鞭笞和控诉。

清朝"改土归流"后，彝族在周围儒家文化的影响中，为求生存和发展，其婚俗发生了一些变化：从先前的只和彝族婚配，到只许女儿嫁汉家男、不准儿子娶汉家女。而他们认为，嫁到汉族人家的女儿，婆媳关系难免有紧张之时，所以更需要"哭嫁"。

彝族新娘在离家前会唱哭嫁歌，其内容一般是诉说父母养育之恩、兄弟姐妹的深厚情谊和离别之苦，诉说对以男性为中心的社会的不满或者是表达自己对未来生活的担心等。其形式有：一人单哭和两人对哭、对唱、合唱，要边哭边唱，唱中有哭，哭中有唱。一般有人陪着哭，先是母亲，其次是姐妹，再是要好的同性朋友。

水田湾子苗寨

传统村寨拥有较丰富的文化资源，蕴藏着丰富的历史信息，是民族的宝贵财富，也是国家历史文化遗产中极其重要的组成部分。水田湾子苗寨（见图4-8）属纯苗族聚居的传统村寨，至今已有500余年历史，寨内拥有古城堡式的建筑和苗寨独特的自然景观和历史人文景观。

图4-8　水田湾子苗寨（安定咏　摄）

水田湾子苗寨位于威信县水田镇水田村，与四川省叙永县、贵州省毕节市交界，森林覆盖率63%，自然景观旖旎独特，以"鸡鸣三省、世外桃源"著称。苗寨坐落在一座半环状山峰的底部，依山势而建，北、东、南三面被环形山所围，西南面出口与双水公路相通。布局呈马蹄形，紧凑有序，住房建于马蹄形中轴线的北面和东面，南面一般为库房或厩棚，北边是古苗寨的老祖屋，称之为"古城堡式的建筑"。它建在一道"人"字形古老石墙上，石墙用"咬合法"垒砌而成，接缝处没有用传统的灰浆，但是石墙依然坚固（见图4-9）。老祖屋下隐藏着一条穿石墙而过的暗道，直通寨西出口处，其走向与马蹄形中轴线相合，但因年代久远，入口处已消失。古城堡式建筑不仅具有构成平台便于建房其上的作用，还具有自然屏障的功能，水田湾子苗族先祖可通过石墙和暗道御敌自保。

图 4-9　水田湾子苗寨中的"人"字形古老石墙（邓敏　摄）

水田湾子苗寨民族文化厚重，至今还保留着古朴、浓郁的民族风情文化，如苗家蜡染、苗族芦笙曲和"拐芦笙"（"拐"是借用当地汉族土语，有"跳""扭""舞"的含义），以及苗族特有银饰、服饰、舂碓等，以及打糍粑等古老的民俗。苗寨也是红色文化资源重要组成部分，1935年中国工农红军长征时就从这里进入扎西。水田湾子苗寨在红色传承、特色村寨、绿色发展的契机下，迎来文旅产业深度融合的发展之路。

拖姑清真寺

拖姑清真寺位于鲁甸县城东桃源回族乡拖姑村阮家院子，始建于清雍正八年（1730），是境内保留完好的最古老的清真寺。拖姑清真寺坐西向东，由照壁、唤醒楼（也叫"拜楼"）、大殿、后殿（即后亭）、厢房、水房等组成四合院，占地面积1578平方米。共有殿、阁、亭楼30多间，庭院4处。唤醒楼共5层，为六角重檐。全寺布局完整，木构、门窗、牌匾、彩画均为清代风格。

寺内碑文记载："雍正年间，乌蒙开辟，各姓祖人，落籍于业，马氏祖人麟灿、麟炽二位举人,随哈将军(名元生)征平乌逆落于此。"因有回民定居,必建礼拜寺。由马氏弟兄带头捐资,建造大殿(又叫"正殿")作为当地回民"朝拜真主之地",清乾隆二十年(1755)由坐寺阿訇赛老把把(名焕章)牵头,当地绅士、告母(回民)、亲临川、黔、陕、甘和省内各地挂"公德",相继建起唤醒楼、厢房等建筑,以后又几经修葺、增建至现在规模(见图4-10、图4-11)。

图 4-10　拖姑清真寺外观(宋大明　摄)

图 4-11　拖姑清真寺里的唤醒楼(周迎春　摄)

拖姑清真寺因其社会地位,被列为云南省五大古寺之一,在云南省有"祖寺"之称。它也是拖姑村的社心,是当地穆斯林礼拜、开展宗教活动的场所。其具有汉文化和伊斯兰文化融合的建筑风格,对研究清真寺建筑历史具有重要价值。

苗族花山节

花山节,也称"踩花山""跳花场,"滇东北境内俗称"耍花山"。因方言(支系)不同,节日活动的时间也不同,白苗的花山节在每年正月初一至十五,花苗的花山节为每年农历五月初五,即在端午节举行,一般为期2～3天,多数地方在农历五月初三至初五举行,个别地方则在初五至初七举行。关于花山节的来历,说法不一。这里梳理以下两种传说:一是为苗族庆祝脱离灾难的集会。在远古时期,苗族部落与异族部落发生战争,逃脱战祸这天是农历的五月初五,但苗族部落失去了自己的田园和故土,便居高眺望家乡,为庆祝脱离了战祸和灾难,人们便到山上集会欢跳;二是他们认为屈原是苗族人,花山节就是为了纪念屈原。据考证,第一个传说较为符合今天苗族住山头和花山节活动举办地一般在山上的习俗(见图4-12)。

(a)(张捷 摄)

图4-12 苗族花山节

(b)（邱锋 摄）

续图 4-12

每逢花山节，本区境内各地的男女老少都穿上节日盛装，汇集到事先选定的山上玩耍。主要集中在彝良龙街的拖姑梅、昭通市的盘河、永善县的马楠、大关县的凉风坳、水富市的三角等地，举行射弩、摔跤、骑马、穿衣、穿针绩麻、唱歌、跳舞等文体活动和为期3天的商品交易活动。花山节也是苗族青年寻偶恋爱的佳节。

彝族火把节

火把节是彝族传统节日，流行于云南、贵州、四川等省的彝族民众聚居地区。昭通的彝族在每年农历六月二十四都要举行火把节。在滇东北和凉山彝语中所称的"都则"，即"祭火"的意思，而火也是彝族火把节的精髓。

关于火把节的来历，本区的各支彝族说法不一。在巧家、彝良、镇雄的大黑山等地的彝族村寨中，相传火把节是为了纪念彝族英雄阿铁拉巴，他率众人用火把战胜了天虫（蝗虫），保住了庄稼，胜利这天恰是农历六月二十四。昭阳区、鲁甸县的九龙山、阿噜伯梁子一带山区的彝族则认为火把节来源于纪念"屡败屡战"的"南蛮王"孟获，相传六月二十四是孟获去世的日子。

农历六月二十四，北斗星斗柄上指，彝语支的民族都要过火把节，火把节又叫"星回节"，俗有"星回于天而除夕"的说法，相当于彝历的新年，因此，又称"过大年"。火把节之前，家家要杀猪宰羊准备丰盛的食物。火把节期间，清晨同姓家族聚于长者家祭祀祖宗，晚上各村寨以干松木和松明子扎成大火把竖立寨中，各家门前竖起小火把，入夜点燃，使村寨一片通明，同时不断将炒过的枯松木香面撒在火把上，发出爆鸣声并散发清香味，以示照天祈年、灭灾驱鬼、除秽求吉。然后，人们手持火把成群结队地走到村边地头、山岭田埂间，将火把、松明子插于田间地角，为村寨消灭虫害，驱灾辟邪。火把节一般历时三天三夜：第一天为"都载"，意为迎火；第二天为"都格"，意为颂火、赞火；第三天为"朵哈"或"都沙"，意为送火。这期间除燃点火把外，还要组织赛马、摔跤、射弩、打磨秋、唱歌跳舞等活动（见图4-13）。

图4-13 彝族火把节（宋大明 摄）

喀红呗

喀红呗，又书写为"喀红贝"，是彝语音译名，意为"跳脚""跩脚""拐脚""四个人耍舞",也叫"灵桶舞""鬼桶舞",是彝族丧葬时4名男性跳的祭祀性舞蹈,盛行于乌蒙山一带的镇雄、彝良,贵州省毕节市等地彝族聚居村寨。古代彝族人民盛行火葬,都要跳喀红呗,意喻为亡人开路、指路,此舞蹈习俗一直流传至今(见图4-14)。

图4-14　彝族原生态祭祀舞蹈喀红呗(宋大明　摄)

喀红呗为祭舞总称,由多个舞段组成,但每一舞段只有一个特殊技巧动作。它有十几种舞步,如跛脚步、甩铃步、左右甩铃步、行进甩铃步、斜伸手甩铃步、吸腿步、跳脚等。跳喀红呗时,由4名男性手持八卦铃和白布,表情沉痛而严肃,动作刚健、沉重。舞蹈动作多从模拟禽兽动作而来,如羊角碰角、猴子爬树、老鹰展翅、老鹰抓鸡、毛狗钻洞、四马追羊、野鸡钻篱笆、老牛擦背等,这些动作名称和韵律可以形象地反映出彝族古代社会狩猎、畜牧和图腾崇拜情况。

阿说喀

彝语所称的"阿说喀",即彝族的酒礼歌,属于彝族婚礼仪式中自娱性集体舞蹈,意思是嫁姑娘办喜酒时唱的歌,主要流传在镇雄、彝良、巧家、永善等县的偏僻山区中彝族聚居的村寨。有的地方又称"婚礼歌",因彝族是好酒的民族,把参加婚礼称为"吃酒",传承至今,因彝、汉交流融合,在滇东北的汉族地区也有此种说法。彝族曾经历过母系社会阶段,而酒礼歌则保留了彝族上古时代母系氏族社会向父系氏族社会过渡的历史信息。

酒礼歌属于婚嫁歌曲,歌词多为"五句式",因演唱的场合及内容不同,一般包括4个部分:《罗蜗》《确姐》《阿买客》《埋买刻》。每当婚嫁时,男方要派2名能歌善舞的押礼先生,女方家的长者要求押礼先生唱《确姐》《罗蜗》《米洪数》《阿买客》各3首。其中《罗蜗》为男子演唱,歌声雄浑豪放,被人称为是父系社会的赞歌;女子演唱《阿买客》,诉说母女骨肉难舍之情,也有人认为表现了母系氏族社会进入父系氏族社会后,妇女对母系氏族社会的留恋。

从内容上看,酒礼歌叙事性强,唱词可以是固定的,也可即兴编唱,主要表现恭贺新人家庭和睦六畜兴旺。从形式上看,除了个人吟唱外,在集体吟唱时大多伴有舞蹈,人们边唱边舞。舞者人数可多可少,可随意加入、退出。一般都是舞者越来越多,圆圈逐渐扩大,队形和舞姿随歌词内容和舞者情绪变化而变化。脚上动作变化小,以双脚左右移动为基本舞步,双手前后晃动,表现出彝族人民耿直和热情的性情。

苗族芦笙舞

芦笙舞是苗族的传统民族舞蹈,最初起源于祭祀活动。根据内容可将现存的芦笙舞可分为7种类型:再现古代战争和迁徙的芦笙舞、模仿动物的芦笙舞、反映祖先刀耕火种场景和古代狩猎生活的芦笙舞、祭祀怀念祖先的芦笙舞、表现丰收和获取猎物后狂欢喜悦心情的情绪舞、节庆喜事时节欢乐的即兴舞、属特技表演的芦笙舞。芦笙舞多为父传子、母传女,代代相传,也有一部分为师徒相传,如学习高难度的技巧表演等需要拜师。

苗族由于支系的不同,芦笙舞的跳法、时间、用意也不尽相同。芦笙舞共分两大支系,其一称"卯豆",汉称"花苗",花苗支系中为"阿作"芦笙舞,是一种带有叙事性质的集体舞蹈,描述了古代苗族先民遭遇强敌,英勇征战,战败后被迫迁移,舞蹈表现对故园的留恋以及战胜困难、追求幸福生活的决心和期盼。参加人数不限,但吹奏芦笙者必须是男性。其二称"卯佬",汉称"白苗",白苗支系中有"正坛"芦笙舞和"欢乐"芦笙舞之分。"正坛"芦笙舞只在祭祖、丧葬和超度新亡人时跳,具有一定的严肃性。按照仪式顺序进行,有各自不同的歌词、吹奏的乐曲、严谨的队形和舞蹈动作。"欢乐"芦笙舞又可称作"反坛"芦笙舞,是在"正坛"舞的间隙或花山节所跳的欢快热烈、热情奔放的集体舞蹈。

芦笙舞节奏轻快,动作古朴,粗犷豪放,苗族男女老少均会跳,普及面广。如今,苗族群众无论在婚丧嫁娶还是在节日聚会中,都必跳芦笙舞(见图4-15)。

图 4-15　苗族芦笙舞(宋大明　摄)

第二节　饮食文化

酒香虫

酒香虫,学名蝽蟓,又名"臭屁虫""辣鼻虫",当地人叫"打屁虫",又因是下酒之美味食物,雅称"酒香虫"。它是一种昆虫,指甲大小,呈圆形或椭圆形,头部有单眼,有翅膀,能飞,但飞不高,也飞不远,有的能放出恶臭,多为害虫,一般栖息于荔枝树或者龙眼树的新枝,尤其喜欢栖于花枝上。

这种可食用的酒香虫主要产自金沙江河谷区的绥江县,全身青色,一般藏身于金沙江河谷的鹅卵石之下，搬开石头，往往会发现一两个，运气好，会发现十几个黑压压地堆在一起。吃酒香虫是绥江人的"专利"。放眼邻县以及全国各地的河谷深沟，虽均有蠢笨肥硕的蝽蟓，但从未见人捕食。有外地人在绥江吃酒香虫吃得津津有味，大快朵颐，回乡后也效仿捕捉酒香虫，但食用时发现味道大变，究其原因，可能是水土之差异。

制作酒香虫非常讲究火色，先用温水去尿，再入锅中用微火慢炒，加少许油和食盐，炒不多时，酒香虫便通体黝黑，飘香四溢，看起来黑亮亮、油滋滋的，吃起来既脆又香（见图4-16）。

图4-16 绥江酒香虫（马志明 摄）

昭通酱

昭通酱是昭通一带历史悠久的地方传统名产，堪称云南省的酱类之冠，因而昭通在历史上就有"酱乡"之称。因昭通与四川毗邻，在传统酿制黄酱的基础上，吸取了川味食品麻辣的特点，用大龙洞泉水酿制成具有独特风味的昭通酱。若将当地的原料拿到外地制作，在色、香、味方面会与本地所出产的具有较大差别，这自然是与当地的自然环境和大龙洞泉水有关。

昭通酱的制作工艺复杂，用料讲究，以黄豆、牛角红椒、川盐为主要原料，以盐、花椒、茴香、八角、三奈、草果、陈皮、红糖为辅助配料，经过多道工序，入冬以后制作，制作过程长达180多天。地道的昭通酱色泽棕褐、油亮。昭通酱的历史渊源已很难追溯，有人认为，昭通居民多为各省迁徙而来的移民，这些移民带来了各自家乡制作酱菜的技术，相互取长补短，不断改进配方、工艺，外加昭通独特的材料、气候、水质等条件，才形成了昭通酱这一特有的地方产品（见图4-17）。如今，在传统的昭通酱的基础上，加入各种辅料，由此衍生出了牛肉酱、火腿酱、花椒尖酱、香菇酱等美味可口的调味品。

图 4-17　昭通酱的晒制（张捷　摄）

绥江包谷粑

包谷即玉米。在滇东北各地，包谷是重要的主食之一。绥江包谷粑，俗称"石灰粑"，色泽金黄，集酥脆和香软两种口感于一身，是绥江县一道极富特色的名食，可谓是家喻户晓。

石灰粑的名称源自它的制作过程。其做法是将用干包谷籽和石灰水一起下锅煮沸，煮至用手捏包谷籽打滑即可，把煮好的包谷籽舀在筲箕里，用清水边淋边用手搓，直到把煮好的包谷粗皮搓掉不打滑为止，然后用清水漂半天，再用石磨磨成浆，磨得越细越好。磨好的浆叫"生分子"，有馅的叫"包心粑"，馅有肉馅和苏麻馅等，无馅的称之为"实心粑"（见图4-18）。

图 4-18　绥江包谷粑（陈敏　摄）

除了绥江，在滇东北其他地方也有叫"包谷粑"的，但其做法和味道与绥江包谷粑迥然不同。这些地方的包谷粑加有白糖，多采用发酵形式，再用包谷的叶子包裹蒸熟而成，自然少了一种石灰和包谷自然清香的独有风味。

会泽灰豆腐

云南民间有句谚语说"豆腐掉进灰堆里，吹不得拍不得"，但在会泽县，豆腐掉进灰里，却成为当地一道有名的特色美食——灰豆腐，并且在乐业镇、火红镇等地，"灰豆腐"成为专属于会泽人的独特美食。灰豆腐历史悠久，制作工艺独特，口感好，是曲靖八大特色菜之一，是当地人待客的佳肴。

会泽灰豆腐看似灰色、灰褐色的，外表不太起眼，但是吃起来有滋有味。灰豆腐大小如麻将，棱角分明，而且原鼓鼓的、金灿灿的。灰豆腐只能在秋冬季节加工制作，夏天气温高，豆腐容易酸。在制作豆腐过程中，要撒上碱或是含碱的草木灰，作用是提高豆腐的发胀速度，使豆腐疏松和嫩化，接着用灶灰吸掉豆腐的水分。因为制作过程始终不离灰，故名"灰豆腐"。从饮食文化角度而言，会泽灰豆腐可能与过去缺少食盐，人们用石灰、草木灰等保鲜或调味有关。

昭通罐罐茶

所谓"罐罐茶"，就是用一种鹅蛋般大小特制的沙罐煨茶。在昭鲁坝的乡村中，汉、回两族群众都有喝罐罐茶的习俗。不论到哪一家、好客的主人最先招待客人的就是捧上一杯罐罐茶。

罐罐茶的特色在于其煨茶的过程。一般先用文火将沙罐烧热后取下，待沙罐稍冷却、红色褪去后，即刻放入一小把茶叶，边炒边簸，边簸边炒，等到茶叶炒黄，发出一阵阵带着煳味的清香时，将早已烧沸备用的开水倒入部分，茶罐内立即"嗤"的一声，茶水溢出罐口，赶紧将茶罐端起，吹吹晃晃、晃晃吹吹，不让罐子里的茶水溢出来。稍过片刻,再用开水加满并重新烧开,倒出饮用(见图4-19)。

图 4-19　昭通罐罐茶(周迎春　摄)

昭通、鲁甸乡村里的成年人,几乎个个会喝茶,且多数都是喝罐罐茶,家家都有一串茶烧烧(茶罐)。进到屋里,人手一个茶罐,自炒自食,充满浓郁的乡野情趣。

油香

油香,是回族的传统美食之一,象征着团结、友谊和幸福。在滇东北境内的回族有传油香的习俗,即把油香作为宗教最尊贵的礼品,馈赠给阿訇或亲朋好友。

油香是以面粉、盐、碱、植物油为主要原料制成(见图4-20)。准备炸油香的人家,必先将阿訇请回家念经,然后再动油锅,而且制作时务必保持清净、洁净。制作油香时,一般都要年长的、有经验的人掌锅,且掌锅人炸油香前务必要洗大净、小净;炸锅旁边要点上香后才能将面饼下锅;炸制时,需防止未洗过大净的人闯入屋内接近炸锅,还要在锅旁放一碗清水,意在"清净";食用时掰着吃。

图 4-20　油香制作（周迎春 摄）

荞面汤

滇东北地区的高二半山区和高寒山地区，常年阴凉、潮湿，年平均气温 6.2～7.2 ℃，昼夜温差大，土地贫瘠，温凉气候条件和土壤非常适宜荞麦种植。其中，北部海拔 1600～1800 米的地方以种植甜荞为主，含少量苦荞；海拔 1750～2000 米的地方以种植苦荞为主。荞麦的广泛种植，其制品自然而然成了各民族的地方性特色食物，食用的方法较多，可以制作加工成荞糕、荞酥、荞米线、荞皮、荞粑粑、荞面汤、荞凉粉、荞疙瘩饭等，还有利于保存不变质的苦荞茶、苦荞面粉、苦荞挂面、苦荞速溶片、荞酒等各种产品。苦荞产品常常成为本区人们馈赠亲朋好友的地方特色食品（见图 4-21）。

所谓"荞面汤"，它并不是一道汤菜，而是回族的一道特色美食。搓面十分讲究手艺，

图 4-21　搓荞面（周迎春 摄）

荞面一定要用土磨推出来的味道才好，而且还不能放置太长的时间，最好是现

磨现吃。水分适中，荞面团反复揉搓才能产生筋骨。搓面的技能是考察新媳妇是否能干的主要指标，因此把这面称为"新媳妇面汤"也很合适。传说有的地区，妇女所做的荞面汤是在洗得干干净净的大胯上反复揉搓后顺势落入煮沸的锅中，因大胯上所搓荞面条又细又长，被戏谑为"胯条"。荞面汤再配以踩缸的干酸菜和佐料就形成其地方风味美食。

会泽羊八碗

会泽黑山羊十分有名，黑山羊肉作为烹饪美食历史悠久，其中会泽羊八碗是云南省历史文化名城会泽的特产饮食。会泽羊八碗创办于民国初年，至今已有80多年的历史，现由家传第三代掌门人高级厨师王天顺先生主理。

会泽羊八碗对羊肉食材的要求十分讲究：一要山羊，毛羊一般不用；二要羯羊（阉割的公羊），母羊一般也不用；三是毛色有"头黄，二黑，三花，四白"的选择。羊八碗将整只羊从头到脚、从外到内采用蒸、煮、炒、炸、焖、溜、滑等烹饪技法烹饪成佳肴，它们分别是"峰浪望月""万里蹄花""葱芫杂碎""四季水煮""红烧羊肉""香葱末肉""黄焖羊肉""煳辣炒肝"。随着会泽饮食文化的发展，会泽羊八碗通过继承和创新形成颇具地方特色的羊肉美食。其中"峰浪望月""万里蹄花"不仅味美，菜肴之中还溢出诗情画意。

会泽羊八碗深受广大消费者喜爱，被云南省烹饪协会授予"云南名吃"等称号，成为会泽饮食文化的一朵奇葩（见图4-22）。

图4-22 会泽羊八碗（张启戊 摄）

彝族转转酒

彝族是一个崇尚"酒"的民族。在彝家,有一句谚语"所木拉以以,诺木支几以",意为汉区茶为敬、彝区酒为尊,每当客人来到,无沏茶敬客之礼,却有倒酒敬客之俗。滇东北彝族饮的酒,一般都是自家酿制,从原料和酿造技艺上说,大致分为3种:一是米酒,彝语称为"支别",类似汉族的醪糟;二是烧酒,又称"白酒",彝语称为"支几";三是泡水酒,彝语称为"支依"。先将稻谷、糯米、玉米、高粱、荞麦煮熟,再拌入酒曲,发酵后倒入缸中,沿口密封,数月后启封,渗入净水浸泡而成。

"转转酒"其实并非酒的名称,而是彝家人特有的一种饮酒方式。彝人相聚,不分什么地点、场合,不管生人、熟人,争相买酒,或站或坐,围成圆圈,一个酒碗,依次传递喝酒,通常不用下酒菜。在饮转转酒时,习惯是先递给席中年纪最大的人先喝,以示敬老。每个人喝后都以左手横擦口接触的碗口沿边,或将碗口沿胸前衣襟上擦过,表示礼仪和卫生。一次只喝一口,酒量大的人放开畅饮,酒量小的人只需抿一下,传递的方向只能朝左,接酒则只能用右手,如此转来转去,以酒助兴,直到喝醉方休。

第三节 区域文化

观斗山石雕群

观斗山石雕群位于威信县高田乡新华村,相传因平西王吴三桂到此观星斗而得名。观斗山庙始建于明朝,几经盛衰,数次被毁。据现存碑刻记载,民国二十三年(1935)进行大规模修建,历经14年修复了9座殿堂,建筑面积2325平方米,占地6700平方米。但20世纪70年代中期,寺庙建筑被全部拆毁,寺内木雕造像也全部损毁,石雕造像坍塌和湮没于荒山杂草丛中。

观斗山石雕群现存有观音殿、关圣殿、王母殿、雷祖殿、三教殿、瑶池殿、黑煞殿、弥勒、玉皇殿9个殿堂遗址,有观音、关圣、王母、四大元帅、四大天王、孔子、释迦牟尼、老子、弥勒佛、玉皇等石雕造像63尊,龙、凤、狮、豹、麒麟等石兽24个,碑刻11块,浮雕石柱4根,香炉5个,浮雕柱础40个,浮雕300多组,玉皇殿结构建筑1个。观斗山石雕群规模盛大,殿堂集中,其石雕、石刻在我国罕见,是云南规模最大的宗教石雕群(见图4-23)。

图4-23 观斗山石雕群(郑方星 摄)

观斗山石雕群是近代规模较大的雕刻艺术瑰宝,反映了中国近代雕刻的传统技艺特点,其雕刻艺术深受中原传统文化艺术的影响,把宗教艺术和非宗教艺术融合;石雕群以道教造像为主,兼有佛教和儒教造像,佛、儒、道三教合一的内容展示了川、滇、黔接合部独有的宗教文化特征；雕刻用工精细，刀法娴熟，形象逼真，颇见匠心独运，是我国雕刻艺术的宝贵遗产，为研究本区宗教文化和雕塑艺术提供珍贵实物资料。

打鼓草

所谓"打鼓草"，就是打着鼓唱着歌去薅草，是为激励干活人的士气而唱的山歌。人们为减轻长时间繁重劳动过程中的疲劳，用鼓师领唱，众人接腔和唱，并有鼓点伴奏，领腔人俗称"打鼓匠"。从源流上看，打鼓草是从清朝"湖广填四川"时开始从楚地传入金沙江流域，融合了川、滇文化而形成一种特殊曲艺形式。

打鼓草是昭通传承悠久、长盛不衰的民间薅草山歌。在盐津、大关、水富、永善、绥江、威信、镇雄各地，每逢春耕夏锄时节，这些地方的农民都是以互助的形式集体行动，多见一人颈挂小鼓，手持小棒击鼓而歌，锄禾薅草队伍到哪里，哪里就成为打鼓草的歌咏海洋，富有浓郁的乡土气息（见图4-24）。

打鼓草有其特有的规律，劳动队形一般呈大雁飞行式，称"竹竿衣"，整个队形有"花口""龙头""火尾"之分。分别派劳动力强而技术好者出演。男、女劳力按强弱情况相互搭配，打鼓匠司鼓领唱山歌，所唱的内容，根据早晚时间的变化而有不同。清晨唱《接大阳》，有人掉队时唱《接荷包》，中午唱《饭歌》，有人松劲时唱《放风流》，太阳将落山时唱《送太阳》，收工时唱《收工》《谢主人》等。一般情况下，更多的是唱《花歌》《情歌》。这些歌曲，既歌颂青年男女间的爱情，又有地方风情。打鼓草的曲调，领唱者拖腔长，于引吭高歌中抑扬顿挫、悠扬婉转，而合唱者声腔整齐雄厚、

图4-24 打鼓草（宋大明 摄）

节奏鲜明。这种将劳动与文娱活动融为体的活动,显示出这些地区文化的一大特色。

金江号子

号子即劳动号子,是直接伴随体力劳动,并和劳动节奏密切配合的民歌,是劳动者在劳动时即兴发挥,自编自唱的曲子。因所处的区域不同,有不同的称谓。重庆以下称"川江号子",关河流域称"关河号子",金沙江流域则称"金江号子"。行船时使用的号子又称为"船工号子",是抬工们在劳动时为舒缓疲劳、鼓舞干劲而使用的。

金江号子就是金沙江船工们在航行时使用的船工号子,在古老的木船人力航运时代产生的一种独特的民间音乐,是劳动号子的一种特殊形式,流传地域仅限于四川省新市镇至长江上游的重庆之间(见图4-25)。据《绥江县志》记载,自明代开始,金沙江下游社会生产力得到前所未有的发展,粮食、布匹成为该段航路运送最多的货物,船运也成为金沙江下游两岸人民生产、生活和社会发展的主要组成部分。因金沙江水流湍急凶猛、滩多水险、水位落差大,需要人工拉纤,纤夫们在拉纤中为了指挥航运劳作、提神鼓劲、统一步伐、调节呼吸和释放身体负重的压力,而发出吆喝或呼叫声(见图4-26)。

图4-25 金沙江纤道(宋大明 摄)　　图4-26 金沙江纤夫(宋大明 摄)

金江号子唱词有五言、七言，有短句、长句。曲调有顺水和逆水之分，具体大约有 30 种。唱法多样，有一人领唱（称为"号三江"），众人接尾帮腔；有领唱上句，众和下句。唱法不拘泥于形式，唱腔高低兼用，铿锵有力。金江号子通过绥江方言的融合和地域环境的改变，以适应金沙江的特点，往往见人唱，见物唱，触景生情，有感而发。2013 年 3 月，金江号子被确定为云南省非物质文化遗产。

洞经音乐

洞经音乐是一种珍贵而独特的传统器乐乐种，源于古代中原的道教丝竹乐。昭通洞经音乐是宋、元时期由中原地区经四川的梓潼县传入，在明代开始流行，至清代而兴盛。

昭通洞经音乐传入后，受到古滇文化、中原文化、巴蜀文化的融合和同化，融入了独具魅力的"朱提文化"的元素。洞经音乐由于演唱内容是口口相传的，与原谱不同，它借鉴和吸收了滇东北民歌、曲艺、舞蹈的音乐，使它形成乡土味十分浓厚的本土洞经音乐。其演唱内容，首先是学"礼"，明确演唱洞经音乐的社会功能，是"君臣用之于朝，庶士用之于家"的祭祀音乐，以庄严、崇敬的心态来对待洞经音乐；其次，抄写唱词和学唱腔，再用唱腔去唱五字句、七字句的经文。昭通洞经音乐的演唱形式是上殿，就是在庙堂演唱，唱者要在家中沐浴更衣，庄严作相，净心安神，身与口协，口与意符，意与身合，面对神明，虚心敬意，方能感动人神，获得超凡脱俗的布道效果。昭通洞经音乐属于道教音乐，具有布道、事神的功能，对信士（听众）有静心、守神的作用，是信士们修持的宗教生活之一。

张宗诚，昭通洞经音乐传承人。2003 年，成立昭通古洞经音乐艺术团，昭通洞经音乐得到很好的发掘整理（见图 4-27）。现有张宗诚传谱的唱腔 16 首、王定富传谱的 1 首、陈泰明传谱的 1 首、刘道章传谱的 2 首等，共计 20 多首传世洞经唱腔及乐曲。2006 年，"昭通洞经音乐"入选《云南省省级非物质文化遗产名录》。

图 4-27 昭通市洞经音乐艺术团演奏洞经音乐（邱锋 摄）

昭通唱书

昭通唱书简称"唱书"，又称"念书"，为广泛流传于昭通汉族民间的一种说唱曲艺艺术。昭通唱书为清代后期传入，咸丰年间已广泛流行，主要流传在云南省昭通市昭阳、鲁甸、彝良、大关、永善、盐津、镇雄、威信、巧家等县（区），尤以昭阳区境内广大农村最为盛行，唱书的叙事主要是通过口头进行传承和传播。2010年，"昭通唱书"入选《云南省非物质文化遗产名录》。

昭通唱书经过昭通唱书人不断地改进，融入了昭通的地方特色。它以整本传奇故事为主，形式简便，灵活多样，不受任何时间地点的限制和约束，可在火塘边、街头、庭院以及茶馆进行。通常由一个唱书艺人，在一定的唱腔下，手持唱本边说边唱，唱的过程中不需任何乐器伴奏。其唱腔有五字调、七字调、十字调和莲花落等。昭通唱书的演唱活动一般在农历春节期间和农闲季节。闲暇和婚丧嫁娶也有唱的，但环境和氛围不同，内容和唱腔就有不同。办婚事时多唱歌颂美好姻缘和坚贞爱情方面的内容；办丧事时多唱忠孝节义、伦理道德，唱腔悲切忧伤，专曲专用，称"孝歌"（见图4-28）。

图 4-28　昭通唱书（邱锋　摄）

昭通唱书历史悠久，唱本内容均为离奇曲折的悲欢离合、因果报应的传奇故事，也称"小说书"。唱本有20多种，流行较广的有《柳荫记》《蟒蛇记》《大孝记》《三孝记》《八仙记》《四下河南》《三元记》《白鹤记》《富贵图》《凤凰记》《摇钱树》等。不少书目是从《善书》《讲圣谕》及明、清宝卷移植改编而来。如今，昭通唱书在过去单调且无乐器伴奏的说唱中借鉴"单弦"的表演形式，加进了三弦、月琴、二胡等伴奏乐器，更显得生动、活泼。

昭通端公戏

端公戏，又名"庆坛""打傩""作道场"，在民间俗称"跳端公""庆菩萨"。昭通端公戏源自远古的傩戏，是一种特殊的、古老的民间戏剧形态，在祭祀活动中由端公扮演角色，以戏剧形式表现与祭祀相关活动的总称。端公，是民间汉族巫师的一种别称。昭通端公戏属于"外生土长"的特殊文化现象，由明朝初期到清朝年间相继从江西、四川和湖广3条渠道传入云南昭通。由于昭通特殊的地域环境，端公戏在这里找到了最佳生长土壤，与当地少数民族融合而形成的一种民间宗教祭祀文化习俗，时至今日还流传于镇雄、彝良、盐津、巧家、永善、威信、绥江、昭阳等县（区）的偏远山区。

昭通端公戏，有比较丰富的内容。在祭祀活动中，根据服务对象的不同，分为阴事、阳事两类。端公戏的演出主要是在阳事活动中进行，其活动的时间严格限制在农历冬季的3个月之内，主要有庆菩萨、庆坛、打傩祭祀、阳戏、还钱及打醮等形式；在方式上，又可分为以唱诵为主的文坛和演出为主的武坛两类；在表演时，又有正戏和耍戏之分。正戏是端公戏具有本质意义的演出形态，端公们戴着表示各种神灵的面具，表现不同的人物形象，以戏剧的形式直接或间接地表演与祭祀相关的内容，有神话故事、民间传说等；耍戏，又可叫"春戏""花戏""笑戏"，是以表现世俗生活为主调节祭祀的气氛，比较具有生活气息。这一类的端公戏与祭祀的关系不是特别密切，娱乐性较强，内容多取材于民间传说、唱本及农村中流行的笑话，其剧目短小、诙谐、滑稽，生活味浓。担任表演的端公，在大致规定的情景中，应景生情，即兴发挥，随意增添新的内容，主要起活跃气氛的作用。

四筒鼓舞

四筒鼓舞，又称"跳鼓""跳丧鼓"，流传于昭通境内乡村中，汉族丧葬时，由男性集体演跳，距今已有3000多年的历史。它因最初由4名男性身挎筒鼓，边打边跳而得名。

据史料推测，四筒鼓舞或是在明代随移民流入昭通的，流传的时间至少有300年。四筒鼓舞特有的伴奏乐器是四筒鼓。四筒鼓以梧桐树材做鼓身，内放2颗小石子，两端蒙牛皮，钉铁钉，再箍上铁环扣，系上鼓带；鼓槌是一根长20厘米的坚韧的细木棍，敲击时音色浑厚、洪亮（见图4-29）。

在昭通洒渔河流域一带，老人去世后，丧家一般都要请四筒鼓队前来跳丧、送葬，使葬礼办得热闹，以冲淡哀伤的气氛。四筒鼓舞节奏单调、明快，咚咚作响、铿锵有力的鼓声有着震撼心灵的力量，而舞蹈者形象生动、动作诙谐滑稽的表演，又使人们会心而笑、乐而忘忧。如今，四筒鼓舞由最初仅有的四面筒鼓增加到有扁鼓、锣、钹、镲、红绸、哨子等，表演者有时也由4人增至11人。每一个鼓队中都有"鼓头"（指挥者）1人，在其指挥、示意下，整个鼓队有序地表演着舞蹈动作，有黄龙三转弯、双龙抢宝、鲤鱼跳龙门、喜鹊登枝、仙鹅抱蛋、蛤蟆晒肚、猴子捞月、犀牛望月等80多个套路，以及单人、双人、三人和集体舞等多种表现形式。

图4-29　昭阳传统祭祀舞蹈四筒鼓（宋大明　摄）

昭通甲马

"甲马"，是中国民间进行祈福、禳灾、祭祀、镇宅等民俗活动时用来焚烧或粘贴的各种各样版画及雕版印刷品的总称。"甲马"，民间俗称"纸马""纸火""神马""甲马纸""神马纸"等，根据最初收集这种民间版画的保山、腾冲、大理等部分滇西地区的民间称呼而来，于是沿袭成俗。

昭通甲马是云南甲马的重要组成部分，是中原文化习俗流入后与昭通习俗渗透与交融而成为独具地方特色的一种民间民俗艺术。昭通甲马种类繁多、内容丰富，涵盖山川河流、飞禽走兽、花草树木、宗教民俗、生产和贸易等。从木板选材、模板刻制到图画、符命牒牌及经书的使用，都遵循一整套严格的程序，纯手工操作的整个制作工艺流程都承载着农耕时代文化产品生产的基本方式。昭通甲马有别于中原甲马，在大多数甲马画上方或左右，有一个边框栏，用于注明这幅甲马的主要内容，如《观音》《宅变》《告名科》《镇坛》等，有的甲马画还在左右两侧书写对联（见图4-30）。

图4-30　昭通甲马（邱锋　摄）

娜姑崇正学社

由于特殊的地理位置以及周边铜矿的开发，会泽县娜姑镇在历史上长期成为中原文化、楚文化、巴蜀文化和滇文化交汇影响的通道之一。随着时代发展，占主导地位的儒学文化逐渐走向世俗化，出现了"崇正学社"，形成了娜姑传统文化中独具特色的活动形式。

清同治十二年（1873），以白雾街为活动中心的民间群众文化团体"崇正学社"成立，集中活动场所在白雾村三圣宫内，参加者多为儒学生员、落第举人和赋闲绅士。"崇正学社"是娜姑历史上影响颇大的群众文化团体，恪守"孝、悌、忠、信"。特别是其开展的活动和各种民间事务的"演礼"形式，对社会秩序的管理起到了辅助性作用。由于"崇正学社"的影响，儒家学统沉淀下厚实的文化底蕴，推动了娜姑地区群众文化的发展，并逐渐形成浓郁的地方民间民俗特色，给后世留下了一笔丰厚的传统文化财富。

昭通作家群

20世纪八九十年代，昭通逐步崛起并形成了一个默默耕耘、勤奋创作的作家群——昭通作家群，它是被中国作家协会认可的全国唯一一个以市级地名命名的作家群。这个群体包含昭通本地和在昆明的一群昭通籍的文学写作者。他们植根于昭通深厚的文化土壤中，坚持不懈地从事文学创作活动，于小说、诗歌、散文、报告文学、戏剧、杂文、评论等方面取得的成就在整个云南都极为突出。

从20世纪80年代开始，随着傅泽刚、李骞、潘灵、胡性能、雷平阳、陈衍强、张仲全、杨昭创办"昭通诗人协会"，夏天敏、宋家宏、傅泽刚、蒋仲文、铁云峰创办"荒原诗社"，铁云峰、陈剑宁、曹先林创办"山之声文学社"，昭通诗歌创作变得极为活跃。这激发了不少年轻人特别是大学生的文学梦，进而带动了当时昭通师范高等专科学校（现昭通学院）活跃的校园文化。昭通师专当时云集了曾令云、陈孝宁、杨家柱、周天忠、黄玲、吕崇龄、吴开有、刘廉昌等一批知名作家学者。"野草""茂林""拓荒""秋雁""红湖""星火""家园""南星"文学社等10余个学生社团活跃在校园里。与此同时，市委机关报《昭通日报》恢复重办，文联刊物《千顷池》创办，加上昭通师专的带动，昭通社会办刊办报热情空前高涨，数10种以文艺为主要内容的报刊犹如雨后春笋。每种刊物都拥有一批作者和读者，最终构成产生昭通作家群的深厚土壤。

1998年，《人民日报》首次报道昭通文学现象，1999年，雷平阳在《大家》杂志第3期发文，首次提出"昭通作家群"和"昭通文学现象"概念，在文学界引起反响。2002年，分别在昆明和昭通召开的"昭通文学现象及作家群研讨会"，标志着"昭通作家群"的称谓正式确定。2005年，《羊城晚报》首次将"昭通作家群"作为一个名词解释推出。2005年，在第三届鲁迅文学奖评选中，夏天敏的《好大一对羊》获优秀中篇小说奖，成为"昭通作家群"崛起的重要标志。

参考文献

[1] 云南省地方志编纂委员会.云南省志（卷一）·地理志[M].昆明：云南人民出版社，1998.

[2] 昭通市志编纂委员会.昭通市志[M].昆明：云南人民出版社，2010.

[3] 云南省大关县地方志编纂委员会.大关县志：1978～2005[M].昆明：云南人民出版社，2010.

[4] 彝良县地方志编纂委员会.彝良县志：1978～2005[M].北京：方志出版社，2013.

[5] 云南省绥江县地方志编纂委员会.绥江县志：1978～2005[M].昆明：云南人民出版社，2011.

[6] 盐津县地方志编纂委员会.盐津县志：1978～2005[M].昆明：云南人民出版社，2012.

[7] 永善县地方志编纂委员会.永善县志：1978～2005[M].昆明：云南人民出版社，2012.

[8] 巧家县地方志编纂委员会.巧家县志：1978～2005[M].昆明：云南人民出版社，2018.

[9] 水富县地方志编纂委员会．水富县志：1974～2013[M]．北京：方志出版社，2016．

[10] 镇雄县地方志编纂委员会．镇雄县志：1978～2015[M]．昆明：云南人民出版社，2019．

[11] 威信县地方志编纂委员会．威信县志：1978～2010[M]．昆明：云南民族出版社，2015．

[12] 鲁甸县地方志编纂委员会．鲁甸县志：1978～2008[M]．昆明：云南人民出版社，2017．

[13] 昭通市昭阳区地方志编纂委员会．昭通市昭阳区志：1978～2005[M]．北京：中国林业出版社，2019．

[14] 中共宣威市委史志办公室纂．宣威市志[M]．昆明：云南人民出版社，1999．

[15] 《会泽县志》编纂委员会．会泽县志[M]．昆明：云南人民出版社，2008．

[16] 贵州省赤水市地方志编纂委员会．赤水市志[M]．北京：方志出版社，2012．

[17] 贵州省地方志编纂委员会．贵州省志·地理志[M]．贵阳：贵州人民出版社，1988．

[18] 《毕节地区志》编委会．毕节地区志·地理志[M]．贵阳：贵州人民出版社，2004．

[19] 昭通地区地方志编纂委员会．昭通地区志（中卷）[M]．昆明：云南人民出版社，1999．

[20] 朱道清．中国水系辞典.[M].2版．青岛：青岛出版社，2010．

[21] 张立汉．中国山河全书（上、下）[M]．青岛：青岛出版社，2005．

[22] 周天忠，傅奠基，唐靖．昭通史话[M]．昆明：云南人民出版社，2017．

[23] 陈本明．朱提文化论[M]．昆明：云南民族出版社，1999．

[24] 傅奠基．昭通地名文化[M]．北京：中国社会科学出版社，2007．

[25] 邹长铭．新编昭通风物志[M]．昆明：云南人民出版社，1999．

[26] 邱宣充，张瑛华．云南文物古迹大全[M]．昆明：云南人民出版社，1992．

[27] 昭通市文化体育新闻出版局．昭通文物古迹[M]．昆明：云南人民出版社，2015．

[28] 昭通市博物馆．昭通文物考古论文集[M]．昆明：云南人民出版社，2016．

[29] 中国大百科全书出版社编辑部．中国大百科全书·中国地理[M]．北京：中国大百科全书出版社，1993．

[30] 杨廉玺，庞金祥．神奇的药山[M]．昆明：云南科技出版社，2011．

[31] 彭明春，王崇云，钟兴耀，等．云南大山包黑颈鹤自然保护区综合科学考察研究[M]．北京：科学出版社，2013．

[32] 彭明春，王崇云，党承林，等．云南药山自然保护区生物多样性及保护研究[M]．北京：科学出版社，2006．

[33] 明庆忠，童绍玉．云南地理[M]．北京：北京师范大学出版社，2016．

[34] 童绍玉，陈永森．云南坝子研究[M]．昆明：云南大学出版社，2007．

[35] 高世清．昭通旅游[M]．中国香港：香港天马出版有限公司，2005．

[36] 刘明光．中国自然地理图集[M]．3版．北京：中国地图出版社，2010．

[37] 黄润秋，许强，等．中国典型灾难性滑坡[M]．北京：科学出版社，2008．

[38] 谭其骧．中国历史地图集[M]．北京：中国地图出版社，1982．

[39] 杨岚，等．云南鸟类志（上卷：非雀形目）[M]．昆明：云南科技出版社，1994．

[40] 王应祥．中国哺乳动物种和亚种分类名录与分布大全[M]．北京：中国林业出版社，2003．

[41] 政协昭通市委员会编．昭通文史资料选粹：全三册[M]．昆明：云南人民出版社，2019．

[42] 云南日报社新闻研究所．云南——可爱的地方[M]．昆明：云南人民出版社，1984．

[43] 张淑静，车志敏．秘境云南[M]．昆明：云南人民出版社，1989．

[44] 昭通市民族宗教事务局．昭通少数民族志[M]．昆明：云南民族出版社，2006．

[45] 昭通市文物管理所. 昭通田野考古（一）[M]. 昆明：云南人民出版社，2012.

[46] 林超民. 云南乡土地理文化丛书·昭通 [M]. 昆明：云南教育出版社，2003.

[47] 张方玉. 驿道沧桑 [M]. 昆明：云南民族出版社，2006.

[48] 卞伯泽. 历史文化名城·会泽揽胜 [M]. 昆明：云南美术出版社，2002.

[49] 卞伯泽. 会泽之旅 [M]. 昆明：云南美术出版社，2004.

[50] 卞伯泽. 会泽文化之旅·铜商文化篇 [M]. 昆明：云南美术出版社，2008.

[51] 丁长芬. 昭通地区的考古发现与研究 [M]. 昆明：云南人民出版社，2016.

[52] 范文钟. 昭通历史文化论述 [M]. 昆明：云南民族出版社，2003.

[53] 李昆声，黄懿陆. 中国藏彝走廊历史文化研究——中国藏彝走廊研讨暨绥江岩画论证会学术论文集 [M]. 昆明：云南人民出版社，2014.

[54] 李正清. 昭通回族文化史 [M]. 昆明：云南大学出版社，2008.

[55] 昭通市文物管理所. 昭通田野考古（之一）[M]. 昆明：云南人民出版社，2012.

[56] 卞伯泽. 会泽文化之旅：会馆文化 [M]. 昆明：云南人民出版社，2011.

[57] 陈孝宁. 关于"千顷池"讨论综述 [J]. 昭通师范高等专科学校学报（社会科学），1995（2）.

[58] 阮祥，程万正，乔惠珍，等. 马边—大关构造带震源参数及应力状态研究 [J]. 地震研究，2010（4）.

[59] 雷云. 昭通市滑坡泥石流预警系统减灾效益分析 [J]. 人民长江，2009（21）.

[60] 刘婧，李乡旺. 云南镇雄县珙桐新分布区及保护对策 [J]. 环境科学导刊，2011（6）.

[61] 赫尚丽，杜凡，王娟，等. 滇东北光叶水青冈群落结构和物种多样性 [J]. 西部林业科学，2016（1）.

[62] 李东丽. 云南会泽县自然保护区现状与发展建议 [J]. 中国园艺文摘，2014（3）.

[63] 蓝勇. 清代滇铜京运路线考释 [J]. 历史研究, 2006 (3).

[64] 郭欣. 滇东北地区铅锌矿床成矿作用与成矿规律 [D]. 北京：中国地质大学, 2011.

[65] 苏文苹, 杜凡, 杨宇明, 等. 云南昭通北部自然保护区十齿花群落区系特征初步研究 [J]. 山东林业科技, 2014 (5).

[66] 代玉洁, 李啸浪, 宋雪, 等. 云南天麻产业发展特点分析 [J]. 农业与技术, 2020 (12).

[67] 石子为, 马聪吉, 康传志, 等, 基于空间分析的昭通天麻生态适宜性区划研究 [J]. 中国中药杂志, 2016 (17).

[68] 谭继中. 云南头寨沟大型高速滑坡运动特征探讨 [J]. 地质灾害与环境保护 1993 (1).

[69] 邓嘉农, 赵健. 头寨沟高速滑坡形成条件及特征分析 [J]. 中国地质灾害与防治学报, 1993 (3).

[70] 王磊, 杨顺强, 代勋, 等. 云南大关三江口自然保护区光叶珙桐资源保护现状及对策 [J]. 绿色科技, 2010 (8).

[71] 孙卫邦, 孔繁才, 周元, 等. 黄杉属植物在云南的资源现状及保护利用研究 [J]. 广西植物, 2003 (1).

[72] 张春霞, 郭正堂, 邓成龙, 等. 黏土矿物学指示中国云南昭通盆地中新世古猿生活在温热和潮湿环境 [J]. 科学报告, 2016 (2).

[73] 张勇, 等. 最后的古猿——揭开欧亚大陆最晚中新世古猿幸存之谜 [N]. 光明日报, 2016-3-21 (5).

[74] 傅奠基. 夜郎和西僰与昭通政区之渊源 [J]. 昭通师范高等专科学校学报, 2012 (2).

[75] 鲁刚. 论爨文化时期南中地区的夷汉民族融合 [J]. 云南民族大学学报（哲学社会科学版）, 2008 (4).

[76] 张泽洪, 廖玲. 西南民族走廊的族群迁徙与祖先崇拜——以《指路经》为例的考察 [J]. 世界宗教研究, 2014 (4).

[77] 张晗．历史人类学视阈下的认同冲突与"改土归流"初探——兼论昭通彝族地区的"改土归流"与社会秩序"中原化"历程[J]．学术探索，2013（5）．

[78] 周琼．改土归流后的昭通屯垦[J]．民族研究，2001（6）．

[79] 潘先林．朱提文化论[J]．贵州民族研究，1997（1）．

[80] 李正清．朱提的由来及其它[J]．昭通师范高等专科学校学报，1980（1）．

[81] 刘宏，刘旭，吉学平，等．云南省威信县长安乡瓦石棺木岩悬棺考古发掘[J]．云南地理环境研究，2001（2）．

[82] 刘春城，余朝臣，陈英，等．云南昭通水富张滩墓地发掘简报[J]．文物，2015（9）．

[83] 王大道．云南昭通象鼻岭崖墓发掘简报[J]．考古，1981（3）．

[84] 付兵兵．《会泽水城古墓群发掘报告》简介[J]．考古，2015（3）．

[85] 王瑞红．会泽古城的空间演化历程及文化因素[J]．曲靖师范学院学报，2014（2）．

[86] 周玲，罗锋．先秦时期昭通与巴蜀的历史联系[J]．昭通师范高等专科学校学报，2012（8）．

[87] 张大群．宣威、会泽彝族历史上的教育状况简析[J]．民族教育研究，1997（2）．

[88] 邓博．昭通"大花苗"服饰[J]．今日民族，2002（10）．

[89] 李文汉．滇东北苗族历史续探[J]．乌蒙论坛，2015（2）．

[90] 冯敏．彝族服饰考[J]．思想战线，1990（1）．

[91] 罗亭．论汉武帝时期对西南夷道路的开发[J]．河南科技学院学报，2012（5）．

[92] 王国旭．镇雄民间葬礼上的"散花"仪式[J]．寻根，2014（1）．

[93] 田国燕，田芳铮．绥江金山寺[J]．今日民族，2015（5）．

[94] 王志芬．试析牛王节的文化内涵[J]．云南民族大学学报（哲学社会科学版），2012（5）．

[95] 黄瑾．关于彝族"六祖分支"的讨论[J]．贵州民族学院学报（哲学社会科学版），2010（6）．

[96] 肖良俊，吴涛，陈少瑜，等．昭通市核桃种质资源坚果型特征及多样性研

究[J].西南农业学报,2018(11).

[97] 刘永忠,温曦.昭通"打鼓草"及其特点[J].民族音乐,2010(3).

[98] 蒋骏.关注即将消失的绥江"劳动号子"[J].青年时代,2015(14).

[99] 宋贤安.浅析昭通《洞经音乐》的保护与发展[J].民族音乐,2015(2).

[100] 肖必光.《昭通唱书》源流初探[J].民族音乐,2010(3).

[101] 李文哲.《昭通唱书》的民间叙事研究——兼论《昭通唱书》的叙事特色[J].昭通学院学报,2013(2).

[102] 赵阳.云南昭通端公戏研究综述[J].昭通学院学报,2014(1).

[103] 温曦.昭通彝族《酒礼歌》[J].民族音乐,2007(3).

[104] 武斌.试析云南特色民间工艺的保留与提升——以昭通"版纳地毯"现状为例[J].设计艺术(山东工艺美术学院学报),2010(4).

[105] 韩梅.昭通甲马艺术源流[J].昭通学院学报,2015(6).